百部青少年爱国主义教育读本

红·色·征·程·系·列

五四運動的故事

杨江华◎编著

团结出版社

UNITY PRESS

图书在版编目（CIP）数据

五四运动的故事 / 杨江华编著. -- 北京 : 团结出版社, 2013.4（2021.6 重印）
(百部青少年爱国主义教育读本. 红色征程系列)
ISBN 978-7-5126-1733-9

Ⅰ. ①五… Ⅱ. ①杨… Ⅲ. ①爱国主义教育 - 中国 - 青年读物②爱国主义教育 - 中国 - 少年读物 Ⅳ. ①D647-49

中国版本图书馆 CIP 数据核字(2013)第 065455 号

出　版：团结出版社
(北京市东城区东皇城根南街 84 号　邮编：100006)
电　话：(010)65228880　65244790
E-mail：65244790@163.com
经　销：全国新华书店
印　制：三河市信达兴印刷有限公司

开　本：710×1000 毫米　1/16
印　张：11
字　数：140 千字
版　次：2013 年 4 月　第 1 版
印　次：2021 年 6 月　第 2 次印刷

书　号：978-7-5126-1733-9 / D.359
定　价：36.00 元

写在“百部青少年爱国主义教育读本”书前

中国人民大学中共党史系主任、博士生导师
中国中共党史人物研究会副会长　　杨凤城

十年树木，百年树人。

对青少年进行爱国主义教育需要从长计议。今天的信息技术还在高速发展中，传播速度极为惊人，世界范围内的各种思想文化在人们的精神世界中相互激荡碰撞。弘扬和培育以爱国主义为核心的民族精神，是国民教育的重要任务，务必在精神文明建设过程中一以贯之，不容忽视，更不得有一丝松懈。

大处着眼，一个民族的精神必须适应时代发展的潮流，跟得上历史进程的趋势。小处着手，爱国主义教育尤其是对青少年的爱国主义教育工作，务必落实下来，落到实处，并且需要一个饶有兴味的形式呈现出来。惟其如此，爱国主义的精神气脉才能入乎眼耳，存乎心胸，真正成为个体生命的一部分。

中国人民百年来反对外来侵略和压迫，反抗腐朽统治，争取民族独立和解放，前赴后继，浴血奋斗的精神和业绩，可谓感天动地；中国共产党领导全国人民为建立新中国而英勇奋斗的崇高精神和光辉业绩，可与日月同辉。中国历史上尤其是中国近现代史上涌现出的著名爱国者、民族英雄、革命先烈和杰出人物，以及新中国成立以后涌现出的许许多多的英雄模范人物，他们是青少年爱国主义教育中最新鲜、最活泼、最具说服力的素材。

因此，对青少年推进行之有效的爱国主义教育，要突出和加强中国近现代史，尤其是中国共产党诞生之后的革命主题和红色主旋律的宣传。

“百部青少年爱国主义教育读本”系列丛书，以“弘扬红色主旋律”、“结合现实问题”为原则进行编写，紧紧围绕爱国主义教育的核心价值体系——爱党、爱祖国、爱社会主义，从历史到现实，从物质文明到精神文明，从自然风光到物产资源，对最广大的青少年进行丰富多彩、生动活泼的爱国主义教育，可谓正当其时，难能可贵。

眼前的系列读本，不禁让人眼前一亮，心生喜悦。编著者极力求其“真”——尊重史实的前提下，用生动活泼的语言讲述一个个真实可感的故事；尽力得其“趣”——饱含深情的语句让人物、事件在书中“活”了起来，“动”了起来，革命前辈的精神气息、信念品格扑面而来，感染着我们，感动着我们；竭力求其“美”——体例结构精心设计，又有大量珍贵历史图片资料作为辅助，更符合青少年的阅读习惯。一项项尽心尽力的创意和编辑工作，充分保证了这一系列读本的阅读价值。

寄望能通过快乐的阅读、有效的阅读，让孩子们的心灵之镜更明亮，让年轻一代的精神家园更加美好！

是为序。

2012 年 9 月 26 日

目　录

Contents >>>

第一章　冻雷惊春欲昭苏 …………………… 1

迷茫中的探索——20 世纪初的中国 …………………… 1

启蒙之光——新文化运动 …………………… 9

复辟丑闻——北洋军阀的反动统治 …………………… 13

弱国无外交——巴黎和会的耻辱 …………………… 17

第二章　岁月中的那一天 …………………… 23

山雨欲来的激荡 …………………… 23

天安门集会 …………………… 27

东交民巷外遭拒 …………………… 32

火烧赵家楼 …………………… 36

京城总罢课 …………………… 40

星火燎原 …………………… 45

黄埔滩头的怒吼 …………………… 52

第三章　庶民的胜利 …… 57
"文治总统"的默许 …… 57
妥协的军警与强势的学生 …… 61
山东请愿风波 …… 66
拒签合约运动 …… 70
普通人的五四生活 …… 77
新、旧文化的碰撞 …… 82
第四章　战斗在五四的文人们 …… 87
"总司令"陈独秀 …… 87
"社会主义旗手"李大钊 …… 93
"精神导师"蔡元培 …… 97
"自由思想倡导者"胡适 …… 101
"与国无疆"——毛泽东 …… 105
意气风发——周恩来 …… 108
时代先锋——许德珩 …… 115
"五四之子"——傅斯年 …… 119
青年才俊——罗家伦 …… 121
第五章　"五四人"忆"五四" …… 125
瞿秋白：五四前后中国社会思想的变动 …… 125
邓颖超：五四运动的回忆 …… 129
邓中夏：六三以后上海工人的大罢工 …… 133
吴玉章：回忆五四前后我的思想转变 …… 135

郭沫若：回忆五四前后的思想和文化活动 …… 140
冰 心：回忆五四 …… 143
管易文：五四时期参加赴京请愿活动的回忆 …… 146
何思源：五四运动的回忆 …… 149

第六章 探索信仰的年代 …… 153

新文化运动的新发展 …… 153
“乌托邦”在中国的幻灭 …… 155
科学社会主义的探索者们 …… 158
启蒙时代，百年五四 …… 161

附录 五四运动大事记 …… 165

参考文献 …… 167

第一章

冻雷惊春欲昭苏

晚清政府统治下的中国风雨飘摇，磕磕绊绊地跨过世纪之交的门槛，进入了20世纪。古老华夏积聚千年的荣光在百年内几乎被消磨殆尽。帝国主义列强狞笑着分割中国这块巨大的“蛋糕”，中华民族陷入了半殖民地半封建的无底深渊。然而，前赴后继的革命志士经过多年的抗争，终于在中国大地上建立了资产阶级性质的民主国家。但是，资产阶级力量的薄弱以及国内外局势的错综复杂，为年轻的中华民国的前途蒙上了层层阴霾……

迷茫中的探索——20世纪初的中国

在我国的东海之滨，山东半岛的南部，有一处自然条件优越的半封闭海港。这里港阔水深，风平浪静，海水终年不冻，是难得的天然优良港湾。它，就是胶州湾。

胶州湾得天独厚的地理优势引起了帝国主义的垂涎。这里的美丽与平静很快就被打破了，一只黑色的“大鹰”已经悄悄张开了利爪，准备破开中国千年封闭的大门，攫取这颗东海的明珠。

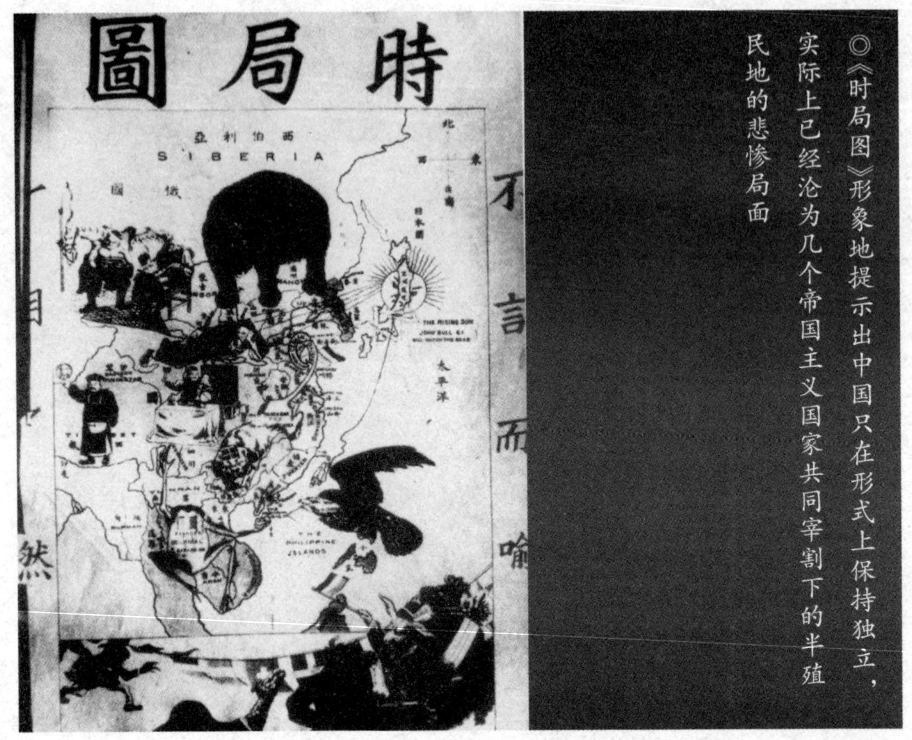

◎《时局图》形象地提示出中国只在形式上保持独立，实际上已经沦为几个帝国主义国家共同宰割下的半殖民地的悲惨局面

清光绪二十三年十月廿日，即公元 1897 年 11 月 14 日，东海。

薄薄的雾气在黎明时分的海面上飘来荡去，随着淡淡的海风分合聚散。忽然，胶州湾外海上出现了一艘军舰，这是德国舰队中的“鸬鹚”号。它放下几艘小船，船上影影绰绰地满载着德国士兵。他们悄无声息地破开海面的薄雾，轻松占领了守卫松懈的清军营地和武器库房。

此时，严阵以待的德国远东舰队司令海军少将迪特里希，在获知“鸬鹚”号得手的消息后，立即下令属下舰队实施登陆作战。随着东海的潮汐，近千名德国士兵的皮靴踩碎了朝阳照耀下海滩上的万点金斑，踏上了胶东半岛坚实的土地。

可笑的是，驻守海防炮台的八旗老爷兵正在松松垮垮地例行早操。两支军队的蓦然相遇，居然出现了不可思议的一幕，仍然哈欠连天的满清兵并没有发现德国士兵眼中的虎视眈眈，竟然友好地与德国人打着招呼，还有人因能说两句德语而沾沾自喜……

这是耻辱的序幕。德帝国主义者就是这样轻松地从自诩“天朝上国”的满清朝廷手中得到了山东半岛。从此，东海之滨不再平静，中国不再平静。

在19世纪末的“割地狂潮”中，德国侵略者在山东暴行累累。他们修筑铁路，任意破坏农田，强迫农民充当苦工。德国人对待中国苦工极其残酷，他们设立监牢，严刑拷打试图逃脱的苦工。侵略者将四指宽且未清理毛茬的竹板浸入水中，然后劈头盖脸地抽打苦工。竹刺入肉，皮开肉绽，鲜血淋漓。受刑后的苦工被戴上手铐脚镣，关进小黑屋，白天照旧做苦工。

德国人的残暴程度令人发指，人性在侵略者的身上已经完全泯灭。他们专门制造了机器铡刀来屠杀中国人，农民稍有反抗，侵略者就杀光整村人来示威。1900年9月，丧心病狂的德国侵略者在高密县一带屠杀了男女老幼300多人，鲜血染红了胶州湾的海水。侵略者的罪行罄竹难书……

然而，这只是苦难中国的一隅。可以说1840年的炮声就像是一把利剑，剖开了笼罩在东方上空的神秘光环，列强蜂拥而至。英、法、俄、日、德、意、荷等十几个国家相继发起了侵略战争。一张张不平等的条约被签订，一片片血脉相连的土地被分割，一两两白银流进了侵略者的口袋。

帝国主义列强早已经无视苟延残喘的清政府，自得其乐地公然划分势力范围，强开通商口岸，设立租界，派遣驻军，攫取种种特权。他们在逐步控制了中国的经济命脉之后，进而为所欲为地操纵着中国的政治、军事甚至文化。苦难的中国已经被套上了重重的枷锁，沉入了半殖民地半封建的无底深渊。

在如山的压迫下，勤劳朴实的中国人民已经不再将希望寄托于病恹恹的朝廷，而是前赴后继地进行着不屈不挠的反抗斗争。从三元里抗英到五四运动前夕，英勇顽强的国民为了从帝国主义和封建主义的双重压迫下解脱出来，进行了长达 70 多年的反抗。这期间，有多少仁人志士的鲜血洒在了这片他们挚爱的土地，又有多少人期望用生命滋养出华夏复兴之花？

洪秀全起自草莽，领导了中国近代历史上最大规模的农民起义。它历时 14 年，纵横 18 省，掀起了近代第一次革命高潮。轰轰烈烈的太平天国运动用鲜血唤醒了中国民众深埋的反抗精神。

“若辈洋人，借通商与传教以掠夺国人之土地、粮食与衣服，尚以鸦片毒害我们，以淫邪污辱我们。自道光以来，夺取我们的土地，骗取我们的金钱；蚕食我们的子女如食物，

◎油画:《金田起义》

筑我们的债台如高山；焚烧我们的宫殿，消灭我们的属国；占据上海，蹂躏台湾，强迫开放胶州，而现在又想来瓜分中国……”

这是盛行于19世纪末的义和团贴出来的布告。这是一场以农民为主的反帝爱国浪潮，标志着近代意义上的民族意识的觉醒。义和团的参与者们用原始的大刀长矛英勇地对抗着侵略者的洋枪洋炮，杀得洋鬼子闻风丧胆，清廷震怒。

1911年，辛亥革命的枪声终于给绝望的中国带来了一线曙光。孙中山领导的资产阶级民主革命推翻了满清王朝，结束了中国两千多年的封建统治，创建了中华民国。然而，好事多磨，资产阶级，传来了中国的幼稚软弱最终导致其丢失了革命的果实，封建军阀袁世凯登上了近代历史的舞台。

袁世凯依仗其掌握的北洋军，窃取了中华民国临时大总统的位置，军阀势力在各地纷纷崛起。所谓的“中华民国”依然和人民没有任何关联，百姓的地位依旧低微，生活依然是一贫如洗。

◎1912年1月1日，中华民国临时政府大总统孙中山在南京主持第一次内阁会议

◎1914 年 11 月 7 日，日本借第一次世界大战对德宣战之机，侵占中国青岛。图为日军攻占青岛时的炮兵阵地

易主的中华民国更像是一位挂着羊头卖狗肉的无良商贩。一场虎头蛇尾的资产阶级革命过后，中国依旧没有摆脱半殖民地半封建的社会性质。

1914 年，第一次世界大战爆发。西方帝国主义列强忙于征战，一时无暇东顾，放松了对中国的侵略。然而，一条早已经跃跃欲试的“恶犬”抓住了这个机会，张开獠牙狠狠地扑向了苦难的中国。

日本，这个栖息在贫瘠小岛上的国家，早已经对物产富饶的中国垂涎三尺。《马关条约》签订后，中国支付的两亿两白银供养了这个民族的成长，却没有喂饱这头择人而噬的白眼狼。

1914 年 8 月 23 日，日本对德宣战，实际却是盯上了山东半岛这块肥肉。可笑的是，日本首相大隈重信在对德宣战之后，还曾向全世界

◎日军占领青岛后，在 1898 年德军于信号山麓岩勒刻的“纪功碑”上，从鹰首往下复勒“日本大正三年十一月七日”字样，以炫耀“战绩”

公开声明：“日本断无……占领土地或剥夺中国及他国人民所有之任何利益。”然而，伪善，正是他们最擅长的伎俩。日军很快霸占了青岛，将德国在山东半岛的势力范围完全置于自己的控制之下。

由此，日本便不断以“战事尚未结束”为借口，死死赖在山东半岛不走，软弱的北洋军阀也只能徒呼奈何。贪得无厌永远是侵略者无法改变的劣根，日本政府很快提出了臭名昭著的“二十一条”。主要内容是：

承认日本继承德国在山东的一切权益，山东省不得让与或租借他国。

承认日本人有在南满和内蒙古东部居住、往来、经营工商业及开矿等项特权。旅顺、大连的租借期限并南满、安奉两铁路管理期限，均延展至九十九年为限。

汉冶萍公司改为中日合办，附近矿山不准公司以外的人开采。

所有中国沿海港湾、岛屿概不租借或让给他国。

中国政府聘用日本人为政治、军事、财政等顾问。中日合办警政和兵工厂。武昌至南昌、南昌至杭州、南昌至潮州之间各铁路建筑权让与日本。日本在福建省有开矿、建筑海港和船厂及筑路的优先权等等。

倘若这所谓的“二十一条”得以实现的话，那么中国的政治、军事、经济等必然陷入日本的股掌之间，从而彻底沦为殖民地。

1915 年 5 月 9 日，做着皇帝梦的袁世凯不顾国内沸腾的民怨，竟以“中国因国力不足，不能与日本打仗”为由，全盘接受了这份将给中国带来灭顶之灾的“二十一条”。

这是何等的悲哀！悲愤的民众将 5 月 9 日定为“国耻日”，以永远牢记历史上这屈辱的一天。

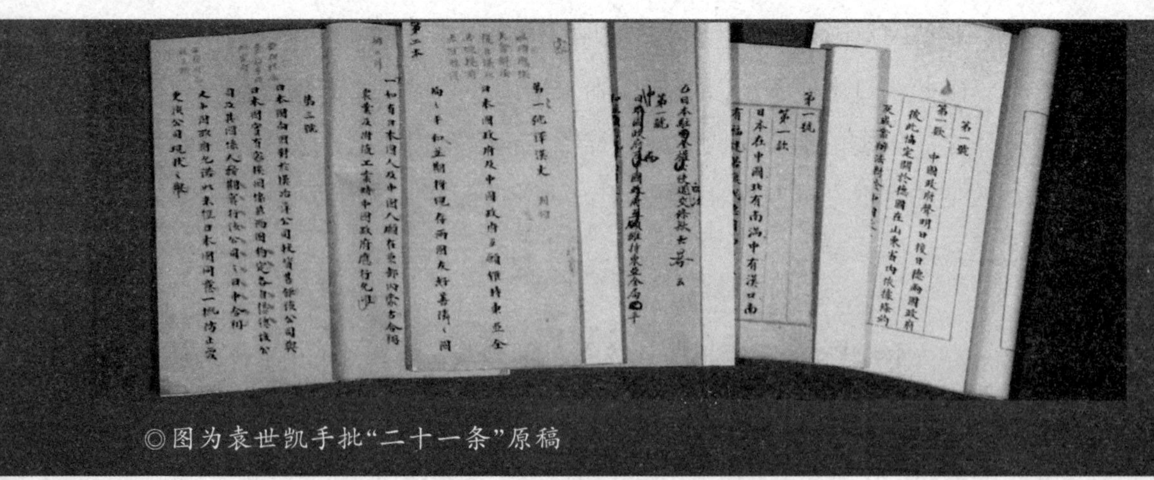

◎图为袁世凯手批“二十一条”原稿

长夜漫漫，风雨如磐。苦难的中国如同在黑暗中踽踽独行的探索者，努力寻找着光明的方向……

启蒙之光——新文化运动

上海，当时中国最大的城市。这个著名的“十里洋场”，每天上演着无数悲欢离合的故事。灯红酒绿的畸形繁华背后，深藏着一个个不为人知的秘密。

1915 年 9 月的一天，位于上海棋盘街上的群益书社门口，一辆黄包车慢慢停下来。从车上跳下一位 30 多岁的中年人，两道短而粗的眉下一双不大的眼睛闪现出犀利的目光。他不是别人，正是即将在新文化运动和早期中国共产主义运动中担任重要角色的陈独秀。他此行是来找陈子佩、陈子寿兄弟寻求资助的。

陈独秀，作为一名接受过现代教育的知识分子，亲眼目睹了自身所处时代的悲剧。鸦片战争以来，西方列强依仗“船坚炮利”打开了中国的大门，强迫清政府签订了一个又一个不平等条约，使中国备受

◎几乎所有帝国主义国家都参与了对中国的掠夺。图为它们强迫中国签订的一系列不平等条约

◎陈独秀

屈辱。一开始，人们以为中国只是在武器、运输工具和工商业方面比西方国家落后，因此开办了军械厂、船政局，制造洋枪、洋炮、火轮、舰艇，后又开办民用企业以及铁路、航运、电报局等通讯交通事业，希望能够“师夷长技以制夷”。

然而，这样做的结果并没有改变中国挨打的局面。中日甲午战争之后，民族危机进一步加深，一批进步知识分子和开明官僚开始认识到，单靠“师夷长技”还不足以救国，中国的政治制度落后于西方是导致国家衰弱的根本原因。于是，康有为、梁启超等人发起“戊戌变法”运动，幻想依靠有开明思想的光绪皇帝实行自上而下的改革，推动政治和社会的进步。但最终因遭到以慈禧太后为首的顽固守旧派的阻挠破坏，落了一个光绪被囚，“六君子”被杀，康、梁亡命国外的结局。

其后，以孙中山为代表的资产阶级革命派发动了辛亥革命，终于推翻了满清王朝的统治，从而结束了中国几千年来的封建皇权政治。然而，中华民国的建立并没有带来真正的民主和富强。民族资产阶级的软弱性导致国家政权最终落入北洋军阀的手中。

短短几年之后，“中华民国”就成了一块徒有虚名的招牌。这时，一些开明知识分子才进一步认识到：国家政治的进步，仅靠政府本身的变革是不行的。政治的更新有赖于国民思想觉悟的提高，而国民思想是与千百年来传统思想文化的熏陶分不开的。要想改变国民思想，就必须对传统文化进行根本改造；要想建立近代西方式的民主政治，必须使国民具备近代西方国家人民的思想。

陈独秀就是基于这种想法准备创办一份唤醒青年人的杂志。在陈独秀的劝说下，陈氏兄弟终于同意每月赞助陈独秀 200 元的编辑费。杂志初步以“青年”为名。这是因为在陈独秀看来，青年恰似朝阳，

◎油画:《北大的钟声》

又如初春花朵，是未来的希望。就这样，一份普普通通的杂志在上海诞生了。与这个城市每天叫卖的成百上千份杂志不同的是，这份简单的白纸铅字却引发了一场轰轰烈烈的文化变革，犹如在万马齐喑的中国发出了一声融冰解冻的春雷。

不久，因上海青年会向群益书社提出《青年杂志》与该会出版的《上海青年》名字雷同，有冒名之嫌。陈子寿与陈独秀相商，于 1916 年 9 月发刊第二卷时，将杂志更名为《新青年》。

1917 年 1 月，陈独秀被蔡元培聘任为北京大学文科学长，《新青年》编辑部也随之转移到北京。很快，李大钊、胡适、钱玄同、刘半农等人相继加入了《新青年》撰稿人的行列。一时间，一篇篇热情洋溢、充满自由气息的文章在这些文化战将的笔下诞生，通过《新青年》向全国发出了惊心动魄的呐喊。

《新青年》面世不久，就被广大青年视为良师益友。它的发行量也由最初的每期1000份，很快增长至每期15000多份。

由《新青年》发起的这场席卷全国的运动，历史上称之为“新文化运动”。因为它要求在中国普及民主思想和科学精神，提倡新文化，反对旧文化；提倡新道德，反对旧道德；提倡新文学，反对旧文学。新文化运动的核心内容，就是“民主”和“科学”。

民主（Democracy）与科学（Science），中文音译为“德莫客拉西”和“赛因斯”。新文化运动的主将们诙谐地称之为“德先生”和“赛先生”。

《新青年》一开始就坚定地树起民主与科学的鲜明旗帜——

> “要拥护那德先生，便不得不反对孔教、礼法、贞节、旧伦理、旧政治；要拥护那赛先生，便不得不反对旧艺术、旧宗教；要拥护德先生又要拥护赛先生，便不得不反对国粹和旧文学。”

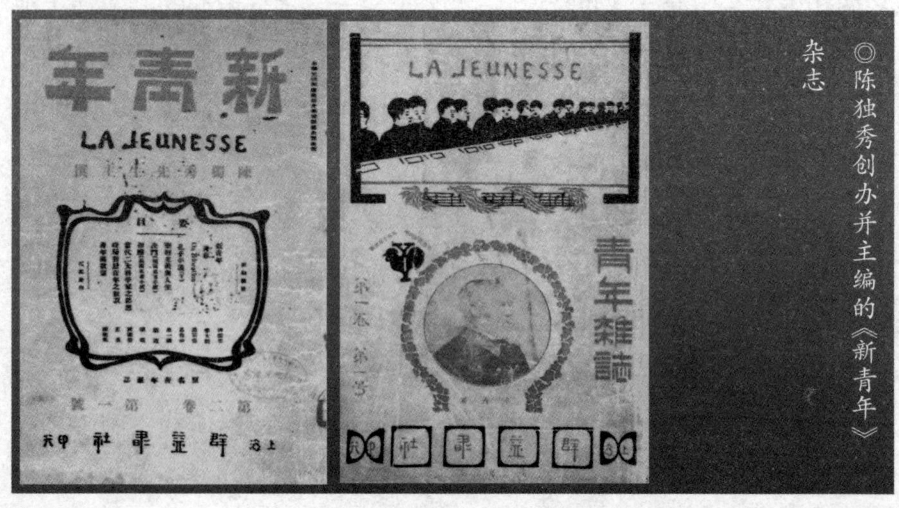

◎陈独秀创办并主编的《新青年》杂志

这不仅仅是庄严的誓词，更是战斗的檄文，闪烁着强调个性解放的精神之光。

新文化运动如强劲的春风，一举扫荡开封建思想的枯枝败叶，努力探索着救国之路。一批满腔热血的知识分子用他们的书生意气、文人锐笔，鼓荡起民主与科学的风雷，唤醒了沉睡的民众。古老的中华民族，正透过那裂开缝隙的乌云，准备接引新纪元的黎明。

复辟丑闻——北洋军阀的反动统治

文化思想领域的斗争，往往是政治斗争的先导。新文化运动所掀起的新思潮，不可避免地与存在了几千年的陈旧思想发生激烈的碰撞。这就像暖流与寒潮的交汇，必将会带来一场涤荡万物的暴风雨。

几千年来，中国的社会一直都处于一种相对封闭的状态。地大物博的盲目自信，让我们的祖先满足于自给自足的状态，不了解也不想了解外面的世界。清朝中期，“闭关锁国”政策的实施，更是让这种闭塞达到了顶峰。以至于鸦片战争爆发后，道光皇帝竟提出这样可笑的问题：“英吉利到回疆有无旱路可通?”“与俄罗斯是否接壤?”

辛亥革命虽然只是一场不彻底的资产阶级革命，以孙中山为首的南京临时政府也仅仅存在了 90 天左右，但是它留给中国民众的民主观念却是极深的。袁世凯窃取政权后，“中华民国”便名存实亡了。当时的人们编了一副讽刺的对联，足以看出辛亥革命过后，民众心中已经萌生了民主的幼苗：

民犹是也，国犹是也，何分南北？

总而言之，统而言之，不是东西。

即使是在这种民智已开的情况下，仍不乏逆历史潮流而上的人。“面南背北”的巨大诱惑如同一个神秘的光环，吸引着一只只扑火的“飞蛾”。

袁世凯窃取了大总统之后，力主将宝座安放在帝王之都的北京，不能不说其早就包藏祸心。就任之初，袁世凯曾面对天下人宣誓称“世凯深愿竭其能力，发扬共和之精神，涤荡专制之假秽”。实际上，出身世代官宦之家的袁世凯根本不知也不相信所谓的民主共和。在他的眼里，皇帝和总统除了称呼不同之外，一样都具有至高无上的权力。

为了实现皇帝梦，袁世凯不惜成为千古罪人，签订了丧权辱国的“二十一条”，在日本人的帮助下，不顾全国民众的反对，紧锣密鼓地开始了筹备“复辟”的步伐。

1915 年 8 月，一篇名为《共和与君主论》的文章出现在世人面前，洋洋洒洒数千字，大谈各国共和与君主发展的历史。作者最后做出了这样一种结论，大意是说，凡是那些百姓开明程度低的国家，都难以维持共和的制度，强制实行是没有好结果的。中国人就是没有能力研究民主共和的民族，所以君主制仍是最适合中国社会的制度。

这篇在社会上引发轩然大波的文章，正是袁世凯授意其手下的美国顾问所写，目的当然是为自己的皇帝梦制造舆论。一时间，当真是袁世凯之心，天下人皆知了。

为了登基，袁世凯早早地成立了大典筹备处，以 80 万的代价在北京瑞蚨祥制作了两件龙袍，花了 12 万刻制了新的玉玺，又以 60 万的花费打造了金印 5 颗。在所谓的登基准备上，袁世凯前前后后一共花费了 2000 多万元。

此时，高喊民主共和的国民党主要创始人宋教仁，已经被袁世凯刺杀身亡。国会则成了袁世凯手中的玩偶，在完成其使命后被随即解散。《临时约法》也不过是废纸一张，辛亥革命以来的革命成果已经荡然无存。

◎图为袁世凯重新穿起龙袍在天坛祭祀

沉重、绝望的气息笼罩在中国上空，漫天的阴霾令人窒息。一些意志不够坚定的资产阶级革命者，精神几近崩溃。在青春年代迸发出一阵火热的激情后，他们渐渐消沉于现状。他们有的痛苦自杀、有的回乡隐居、有的研究佛学、有的颓废潦倒……

然而，沧海横流，方显英雄本色。袁世凯的自编自演并没有能蒙蔽住民众的眼睛，全国上下掀起了一片反抗的怒潮。

1915 年 12 月 25 日，云南都督蔡锷首先在云南宣告独立，树起了“反袁护国”的大旗，兴兵北上。随后，广西、贵州、广东、浙江相继独立。全国民众及海外华侨纷纷发起讨袁运动。袁世凯尚未黄袍加身，已经是四面楚歌。

袁世凯见势不妙，急忙下令撤销实行帝制的议案，仍称大总统。然而此时民怨沸腾，袁世凯已是骑虎难下。相继有 17 个省份的国会议员通电反对袁世凯留任大总统，19 省的公民发布宣言，主张武力讨袁。最后，就连袁世凯派到各地镇压民众的亲信，也纷纷倒戈相向。

1916 年 6 月 6 日，众叛亲离的袁世凯在全国民众的唾骂声中黯然死去。他的皇帝梦仅仅做了 83 天，就被日渐觉醒的中国民众赶下了权力的宝座。

戏弄历史的人，终究会被历史戏弄。袁世凯的惨淡结局并没有起到惩前毖后的作用，复辟的丑剧仍在继续上演，只不过这次的主角换成了张勋。

张勋是前清遗臣，手握重兵。他仇视革命，反对民主，其部队在清朝覆灭以后仍然保留长辫，称为“辫子军”。早在 1913 年，张勋就密谋拥戴废帝溥仪复辟，但因消息泄露而终止。袁世凯称帝失败后，张勋不仅没有看清历史的潮流，反而可笑地认为袁世凯的失败是因为其“辜负皇恩”。袁世凯死后，北洋军阀内部爆发的争权矛盾让张勋看到了机会，他率领“辫子军”一路北上，逼退了继任大总统的黎元洪，进入了北京城。

1917 年 7 月 1 日，北京的民众惊讶地看到了久违的一幕：一群穿着清代朝服，头戴红顶花翎的遗老遗少出现在大街小巷。当年的官府门前又挂上了龙旗，前门大街回收倒卖满清八旗服饰的估衣铺，生意也兴隆了起来，仿佛一夜间又回到了十年前的北京。

随后发布的复辟诏书让天下人瞠目结舌，震惊之余便是对这出复辟丑剧的义愤填膺。首先是北京百姓拒绝悬挂“龙旗”，表示抗议。长沙、上海等地民众纷纷发起集会，一致声讨。在张勋的家乡江西奉新，民众们更是感到莫大的耻辱，抗议尤为激烈。

此时，躲进日本领事馆避难的大总统黎元洪站了出来，通电全国要求出师讨逆。坐山观虎斗的军阀段祺瑞也在帝国主义的支持下组成“讨逆军”北上，试图借机控制政权。

举目皆敌的张勋只有灰溜溜地逃出北京，溥仪也再次宣布退位。这场复辟丑剧从开场到落幕，不过演了 12 天。

由此，北洋军阀们意识到了时代的变化，他们不再热衷于称帝，

而是在列强的支持下以民主之名行封建专制之事。国家没有变得强盛，人民的生活也没有得到改善，民主和科学也只是在开明的知识分子和学生群体中流传。强国富民的希望，不知还有多远……

弱国无外交——巴黎和会的耻辱

如果说耻辱是一口深不见底的水井，那么近代中国就是被沉在冰冷水底的青石；如果说耻辱是一堆熊熊燃烧的柴火，那么近代中国就是架在火上烘烤的鼎镬。水深火热的反复煎熬使得中国民众如同压抑的火山，即将喷发出炙热的岩浆。北京军阀政府在巴黎“和平会议”上的外交失败，则成为了这场惊天动地大爆发的导火索。

1918 年 11 月 11 日，第一次世界大战在经历了 4 年零 3 个月，卷入了 33 个参战国，死伤 3000 多万人之后，终于以协约国的胜利而结束。

“一战”中，中国加入了协约国一方，虽然只是“宣而不战”，却也向法国派出了 15 万华工进行战地劳作。协约国胜利的消息传来，中国出现了数十年来少有的举国欢庆场面。从上海到重庆，从北京到广州，到处都在举行隆重的庆祝大会。

欢庆的人群不同，欢庆的地点也不同，但是所有国人欢庆的目的是相同的，那就是收回山东的主权。

胶州湾及山东主权是被德国用武力霸占的。德国既然在第一次世界大战中成为了战败国，那么青岛等地的主权理应归还中国。因而当时中国民众对于收回山东主权的前景普遍持乐观态度。

当时流行着一句话，那就是公理战胜强权。德国用武力霸占了山东，是强权政治。协约国在一战中取胜，是公理战胜强权的象征。这不仅仅是存在于普通百姓中的观点，也是大多数开明知识分子的态度，这其中就包括陈独秀、蔡元培和胡适等人。

◎巴黎和会会场

北京各学校一连放假 3 天，学生们聚集在东交民巷和天安门一带举行庆祝活动。异常激动的陈独秀在《每周评论》的发刊词中说道："自从德国打了败仗，'公理战胜强权'这句话几乎成了人人的口头禅，这结果，世界各国的人都应该明白，无论对内对外，强权是靠不住的，公理是万万不能不讲了。"他还盛赞美国总统威尔逊，认为其："屡次的演说，都是光明正大，可算是现在世界上第一个好人。"

北京大学校长蔡元培也在天安门进行了演说。其中，在《劳工神圣》一文里，他热情洋溢地赞美了"在法国的 15 万华工"，并且说："此后的世界，全是劳工的世界呵！"

最为兴奋地是胡适，他在演说中说："这一次协约国所以能大胜，全靠美国的帮助。美国的加入是为了要寻一个'解决武力'的办法……"

胡适所宣扬的"解决武力"的办法，就是美国总统威尔逊提出的轰动一时的《和平条款十四条》。

威尔逊在这个所谓的《十四条》中声称，世界各国在外交事务中"均须开诚布公"，"以国际之公意"为准则；提出战后在殖民地问题

的处理上“须推心置腹，以绝对的公道为判断”；他还鼓吹要组织起国际范围内的联合会，为所有的国家提供政治上自主的保障，无论国家的大小强弱，都应享有相同的受尊重的权利。

但是，不久后上演的闹剧证明，威尔逊的所谓“开诚布公”也好，“国际公意”也好，不过是一块帝国主义重新瓜分殖民地的遮羞布。对试图成为世界霸主的美国而言，要扩张势力，就要限制日本对中国的独霸，利益均沾是列强隐藏在“公意”背后的狰狞面孔。

不可否认的是，威尔逊的这番漂亮话，对渴望民族独立和主权完整的中国人来说，有着莫大的诱惑力。11 月 30 日傍晚，亢奋的北京各校学生举着火把、灯笼游行，甚至有不少人跑到了美国大使馆门前，高呼：“威尔逊大总统万岁！”所以，在这种气氛的渲染下，就连陈独秀、胡适等这样的知名教授也无可避免地被其迷惑了。

不过，在这场幻想与错觉交织的狂欢中，仍有一些人保持着清醒的头脑，冷眼旁观这一切。其中，最具代表的人物就是李大钊。

李大钊是中国第一个接受和传播马克思主义的人。他曾仔细地研究了俄国的十月革命，敏锐地意识到社会主义必将对世界的文明进程产生巨大影响。正因为如此，李大钊才没有陷入这场对帝国主义盲目信任的狂热中。他以一个进步的历史学家的思维，将“一战”的胜利和十月社会主义革命的胜利联系在一起来思考，发表了著名的演讲——《庶民的胜利》。

在演说中，李大钊冷静地指出：“我们这几天庆祝战胜，实在是热闹得很。可是战胜的，究竟是哪一个？我们庆祝，究竟是为哪个庆祝？我老老实实讲一句话，这回战胜的，不是联合国的武力，是全世界人类的新精神。不是哪一国的军阀或资本家的政府，是全世界的庶民。”

李大钊的观点不可谓不鲜明，分析不可谓不深刻。然而这并不能阻止狂热的国人，“公理战胜，强权失败”的口号仍然是口口相传的

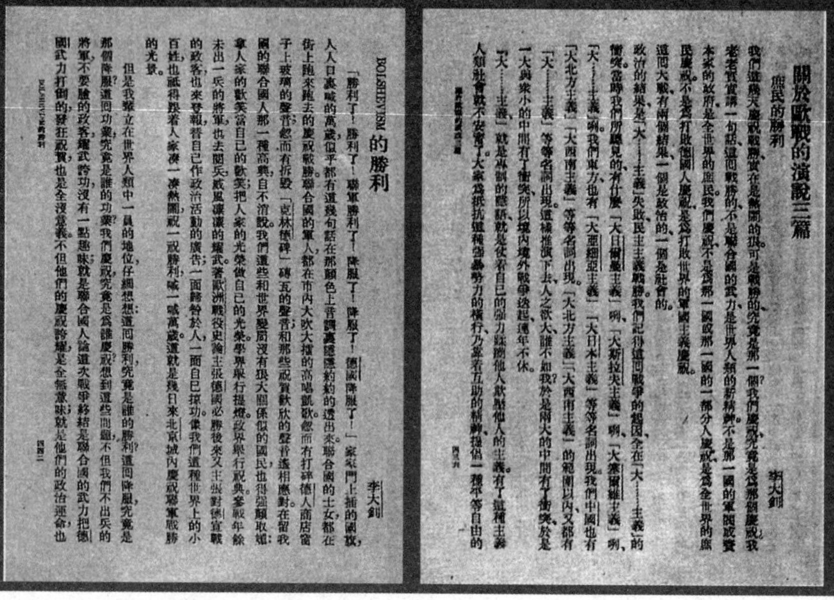
關於歐戰的演說三篇

李大釗

庶民的勝利

我們這幾天慶祝戰勝、實在是熱鬧的很。可是戰勝的究竟是那一個？我們慶祝、究竟是為那個慶祝？我老老實實講一句話、這回戰勝的、不是聯合國的武力、是世界人類的新精神。不是那一國的軍閥或資本家的政府、是全世界的庶民。我們慶祝、不是為那一國或那一國的一部分人慶祝、是為全世界的庶民慶祝。不是為打敗德國人慶祝、是為打敗世界的軍國主義慶祝。

這回大戰、有兩個結果、一個是政治的、一個是社會的。

政治的結果、是「大……主義」失敗、民主主義戰勝。我們記得這回戰爭的起因、全在「大……主義」的衝突。當時我們所聽見的、有什麼「大日耳曼主義」咧、「大斯拉夫主義」咧、「大塞爾維主義」咧、「大……主義」咧。我們東方也有「大亞細亞主義」「大日本主義」等等名詞出現。我們中國也有「大北方主義」「大西南主義」等等名詞出現。「大北方主義」「大西南主義」的範圍以內、又都有「大……主義」等等名詞出現。這樣推演下去、人之欲大、誰不如我？於是兩大的中間有了衝突、於是一大與眾小的中間有了衝突、所以境內境外戰爭迭起、連年不休。

「大……主義」就是專制的隱語、就是仗著自己的強力蹂躪他人欺壓他人的主義。有了這種主義、人類社會就不安寧了。大家為抵抗這種強暴勢力的橫行、乃靠著互助的精神、提倡一種平等自由的

關於歐戰的演說三篇

BOLSHEVISM的勝利

李大釗

「勝利了！勝利了！聯軍勝利了！降服了！降服了！德國降服了！」家家門上插的國旗，人人口裏喊的萬歲，似乎都有這幾句話在那顏色上音調裏隱隱約約的透出來。聯合國的士女，都在街上跑來跑去的慶祝戰勝。聯合國的軍人，都在市內大吹大擂的高唱凱歌。忽而有打碎德人商店窗子上玻璃的聲音；忽而有拆毀「克林德碑」磚瓦的聲音，和那些祝賀歡欣的聲音遙相應對。在留我國的聯合國人那一種高興，自不消說。我們這些和世界變局沒有很大關係似的國民，也得強顏取媚，拿人家的歡笑，當自己的歡笑；把人家的光榮，做自己的光榮。學界舉行提燈。政界舉行祝典。參戰年餘未出一兵的將軍，也去閱兵，威風凜凜的耀武。著歐洲戰役史論主張德國必勝後來又主張對德宣戰的政客，也來登報，替自己作政治活動的廣告；一面歸功於人，一面自己掠功。像我們這種世界上的小百姓，也祇得跟著人家湊一湊熱鬧，祝一祝勝利，喊一喊萬歲。這就是幾日來北京城內慶祝聯軍戰勝的光景。

但是我輩立在世界人類中一員的地位，仔細想想：這回勝利，究竟是誰的勝利？這回降服，究竟是那個降服？這回功業，究竟是誰的功業？我們慶祝，究竟是為誰慶祝？想到這些問題，不但我們不出兵的將軍，不要臉的政客，耀武誇功，沒有一點趣味；就是聯合國人論這次戰爭終結是聯合國的武力把德國武力打倒的，發狂祝賀，也是全沒意義。不但他們的慶祝誇耀，是全無意味，就是他們的政治運命也

BOLSHEVISM的勝利 四四二

◎李大钊演讲稿《庶民的胜利》

“至理名言”，就连从东单转移至中央公园的那块克林德碑上面也写着“公理战胜”四个大字。

公理真的战胜了吗？答案就在即将召开的巴黎和会上。

1919年1月18日，巴黎和会在凡尔赛宫正式开幕，美、英、法、日、意等20多个国家都派出了代表。其中，北京军阀政府派出了由外交总长陆徵祥、驻美公使顾维钧、驻英公使施肇基、驻意大利公使魏宸祖和南方军政府代表王正廷五人组成的代表团出席会议。

中国代表向会议提出了两项提案：一是废弃外国在华的势力范围，撤退驻华军队，撤销各国在华的邮政电报机构，取消领事裁判权，归还租借地，归还租界，关税自主。即所谓的七项希望条件；二是取消“二十一条”，归还德国在山东的全部权益。

令中国代表意想不到的是，第一项提案刚提出，即被所谓的会议决策机构拒绝了，理由是中方所提要求不在会议讨论的范畴之内。此时，中国代表才如梦初醒，原来标榜公意的会议决策机构完全控制在美国总统威尔逊、英国首相乔治、法国总理克里孟梭和意大利总理奥兰多四人的手中。

第二项议案的提出则颇具有戏剧性。中方代表顾维钧，这位辛亥

革命后中国的第一代外交家，在和会上发表了一番精彩绝伦的演讲，有理有据地申明了中方收回山东半岛的理由和决心。精彩的演讲激起了全场代表的热烈掌声，美国总统威尔逊和英国首相乔治等人也纷纷上前握手道贺。

日本代表牧野迫于会场气氛，不得不表示愿将山东归还中国，但须由德国先交给日本，再由日本交付中国。

顾维钧一眼就看穿了牧野的诡计，当即表示中国希望采取直接的办法，两步并作一步，简单明了。

日本人极其恼怒，他们难以相信一向唯唯诺诺的中国，居然能派出这样一个丝毫不留情面的代表。第二天下午，日本驻华公使小幡西吉气急败坏地冲进北京政府外交部，像一名无理取闹的泼妇，表演了一出寡廉鲜耻的丑剧。他无理地指责顾维钧等代表事前不征求日本代表意见，擅自在和会上提出山东问题，是想依靠英美的势力来压制日本政府。

可笑的是，北京政府竟然受制于小幡西吉的颐指气使，很快与巴黎代表通电，警告参会代表要时刻考虑到中日和善的关系，不要再发表与日本代表不同的意见。更有甚者，当时的内阁总理钱能训认为，仅仅“告诫”恐不能消除日本方面的怒气，一再敦促总统徐世昌撤换顾维钧等代表，其卖国嘴脸可见一斑。

巴黎和会上的暗潮汹涌和北京政府的软弱无能举动，激起了全国上下的愤怒，一时间民怨沸腾。国内各界纷纷致电北京政府，指责其卖国行为。北京万余名学生联名致电巴黎中方代表，恳请他们务必“保持国权”，“对于中日争执坚持到底”，并声明“誓为诸公后盾”！

旅居海外的华夏子孙也冲破层层阻力，来到巴黎中方代表的驻地外声援，密切关注和会的进程。天下兴亡，匹夫有责。当华夏民族的荣光受到玷污的时候，一个民族强大的凝聚力在此时彰显无遗。一场声势浩大的收回山东主权的活动，以前所未有的规模，横跨大洋两岸，轰轰烈烈地开展起来。

事实已经足够清楚，顾维钧等代表的表现足够出色，山东问题的提案足够详细，举国上下的呼声也已经足够响亮。然而，大家都忽略了一点，这不是一个“公理”、“公正”、“公意”的“和会”，而是一个帝国主义列强各怀鬼胎、你争我夺的分赃会议。在这样的会议上，谁又会在意一个积贫积弱、任人宰割了半个世纪之久的古老国家呢？

由于日本以退出和会为要挟，坚决反对中国收回山东半岛的提案，所以会议竟然将中方代表拒之会场门外，悍然将德国在山东的特权全部转让给日本，并写入合约草案。

5月1日，英国外交大臣仅仅是口头通知了中方代表，连会议记录和合约草案也没有交由中方过目。顾维钧等人的抗议也被选择性地忽视了。5月7日，《对德合约》最后定案。中国梦断巴黎，山东问题的交涉完全失败。出席和会的中国代表们联名致电北京政府，自请辞职，以谢天下。

长歌当哭！这是何等的屈辱！这就是弱国无外交吗？一时间，多少华夏子孙无语望天，泪水滂沱流下，任苦涩的滋味在心中翻滚。

中国民众从满怀期待的希望之巅一下子跌入了愁云惨雾的失望深渊。五光十色的幻想之梦被毫不留情地践踏成泥，狠狠地碾压在地上。欺骗、羞辱、受损的感情交织在一起，顿时蜕变为愤怒的情绪。国人被激怒了！

愤怒的陈独秀在得知消息后写道：“什么公理，什么和平，什么威尔逊十四条宣言，都成了一文不值的空话。”陈独秀的话代表了相当一部分如梦初醒的国人，他们开始从对帝国主义的“正义”谎言中清醒过来，认识到只有通过自身的努力才能得到真正的公理。

愤怒的情绪在全国各地蔓延，如即将喷薄的火山一触即发。相信那一天的到来，必将给腐朽的中国带来凤凰浴火的重生，为现代历史掀开崭新的一页。

第二章

岁月中的那一天

"公理战胜强权"的期待之梦幻灭了，巨大的落差轻易地摔碎了国人奉行千年的"中庸"之道。中国民众再也不能容忍帝国主义的欺骗和北京军阀政府的卖国行为。"一朝云起风雷动，华夏激荡九州同"，多少年轻的学子毅然摒弃了"两耳不闻窗外事"的陈习陋规，呐喊出时代的强音。他们如长夜中燃起的灼热火焰，逼退了笼罩天空的黑暗……

山雨欲来的激荡

1919年，北京。

5月的京城虽说已经踏入了春天的门槛，但并没有多少春意，铺天盖地的风沙打得行人睁不开眼睛，异常的干燥催动了心情的烦闷。报纸上的坏消息一个接一个地传来，让人更加烦躁不安。

1日，上海《大陆报》率先揭露了中国外交在巴黎惨败的消息："政府接巴黎代表团来电，关于索还胶州租借之对日外交战争，业已失败……"

2日，北京《晨报》登载总统府外交事务委员会事务长林长民所写的《外交警报敬告国民》，文章说道：“此噩耗，前两日仆即闻之。……胶州亡矣，山东亡矣，国不国矣！愿合我四万万众合力图之。”

这些天以来，民众已经迷失在形形色色的关于巴黎和会的报道中，直至林长民这篇文章的发表，国人才得知了事件的确切进展。

5 月 3 日，这是一个不寻常的日子。北京各界代表纷纷举行了各种集会，商量如何解决山东问题。当天下午，北京一些政界人士所组织的国民外交协会召开会议，决定于 5 月 7 日在中央公园召开国民大会，同时通电各省各团体当天协同行动。

不料，当天傍晚又出现了新的情况。林长民得到消息，称北京政府已经密令巴黎代表团在合约上签字。事态紧急，外交委员会委员长汪大燮急忙驱车赶往东堂胡同，将消息告知了北京大学校长蔡元培。

蔡元培毫不迟疑，马上将消息转达给持反日立场的《国民》杂志社以及北大《新潮》社。在两社工作的北大学生许德珩、罗家伦、傅斯年、段锡朋等人当即决定于当晚，即 5 月 3 日晚，在北大三院礼堂召开全体学生大会。

夜晚，原本安静的北大校园人声鼎沸，学生们无心读书，也无心玩乐，纷纷奔向礼堂参加会议，准备用自己的一腔热血拯救多灾多难的国家。

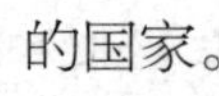

◎蔡元培

宽敞的礼堂内人头攒动，除北大的学生到会之外，北京高等师范、高等工业专门学校、法政专门学校、中国大学、朝阳法学院、农业专门学校、医药专门学校、汇文学校、税务专门学校、高等警官学校等十几所中等以上学校的学生代表都应邀参加了会议。

参加会议的还有一位新闻界爱国人士，邵飘萍。邵飘萍当时是《京报》社长、北

大新闻学研究会的讲师。他原本是赶来向北大学生们通知5月7日集会内容的，没想到情况有变，学生们等不及了，已经开始发起和筹备5月4日的示威游行了。

大会开始后，北大法学科学生廖书仓被推举为会议临时主席，北大文科学生黄日葵等人负责记录，并推举许德珩负责起草宣言。

北大学生张国焘、丁肇青、谢绍敏以及外校学生代表夏秀峰等人纷纷在会上发言。一阵阵慷慨激昂的演讲声回荡在北大校园的上空，青春的热血在这里焕发出时代的强音。

会议中，北大法科学生谢绍敏情难自制，当场咬破手指，撕下衣襟，血书“还我青岛”四个大字，气氛之悲壮由此可见。经过激烈讨论，大会决定伺机严惩亲日派卖国贼曹汝霖、章宗祥及陆宗舆，并通过了四条决议：

(1) 联合各界一致奋起力争；

(2) 通电巴黎专使，坚持拒不签字；

(3) 定于5月4日齐集天安门举行学界示威游行；

(4) 通电各省于5月7日举行国耻日群众示威游行。

为了筹备游行运动，向国内外转发电文，参加会议的各校学生争先恐后地自发开始捐助。银元、钞票、铜子以及手表、戒指、帽子、衣服等都如雨点般被抛到台上，置身其中的学生们，在这样悲壮的气氛中无不胸中气血翻涌，泪眼模糊。也许，这就是一个民族在绝望中所迸发出的力量，让所有人看见希望的力量——人心未死，国必不能亡。

会议从晚7时开到深夜11时，散去的学生们开始了分头筹备。这必将是一个不眠之夜。

住在西斋的北大学生紧张地忙碌着，有的找来纸张，有的熬制浆

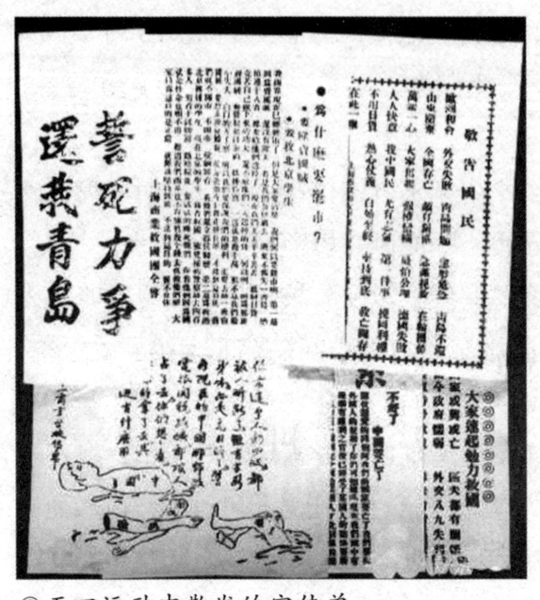

◎五四运动中散发的宣传单

糊，有的起草电报、传单，有的书写标语、横幅。更多的人则是在准备游行用的大旗、小旗。布匹不够，学生们就扯下窗帘，撕开自己的床单，写下一句句激动人心的口号。

其实，在 5 月 3 日这个山雨欲来的夜晚，还有两个小型的学生集会。它们对 5 月 4 日的示威活动影响很大。

其中之一就是，北京高等师范的工学会召开的秘密会议。巧的是，学生们也将示威游行的时间定在了 5 月 4 日。与北京大学会议不同的是，许多人主张实行暴动，决议用猛烈的方法惩治卖国贼曹、章、陆三人。学生们连夜查明了 3 名卖国贼的住址和门牌号码，并前往大栅栏的照相馆找到了他们的照片，以免卖国贼趁乱逃脱。学生们甚至想通过一些渠道弄到手枪，但没有成功，最后只准备了火柴和火油等易燃物，预备毁物放火。工学会的匡互生等人联络了几十名激进分子，写了遗书，交代了后事，准备以牺牲唤醒国人的斗志。

事后得知，被推举为示威游行总指挥的傅斯年，根本不知道匡互生等人打算用暴力手段惩罚卖国贼的秘密决议和所做的准备。这也为学生代表间的分裂埋下了隐患。

夜晚即将过去，忙碌了整晚的学生们纷纷起身，深深地呼吸着黎明的空气，胸中的郁塞之气也仿佛随之被吐了出来。晨风吹过，校园的树木发出沙沙的声响。抬首远望，随着夜色的渐渐消退，古老的京城里那高高矮矮的建筑也显现出清晰的轮廓。初升的太阳映照在天安门上，天地间一片鲜红的血色。那里，即将上演着一幕改变中国命运的青春史诗。

天安门集会

太阳渐渐爬上了天空，空气中隐隐嗅到了燥热的味道。1919 年 5 月 4 日是一个晴天。没有风，也没有云。沉闷压抑的氛围包裹着京城，仿佛一根火柴的落下就能引燃天地间的一切。

对于这天的情况，还有另一种说法。那就是游行前，突然下起了雨，很多人认为不吉利，想取消游行。这时，学生代表闻一多站了出来，说："周武王伐商时，也是突然下起了雨，有人认为不吉利，但是占卜的人说'这是天洗兵'，大吉之兆。"之后，闻一多振臂高呼："这是老天爷在助我们成功！不怕死的都跟我来啊！"于是大家一致响应，冒雨出发。

雄伟壮阔的天安门，是中国民众引以为豪的地方。城楼上那富有民族特色的建筑形式，象征着中华民族的智慧和尊严。这天，学生们从四面八方汇聚到这里，中国新民主主义革命的开端也将从这里起步。

1919 年 5 月 4 日下午 1 时，北京十几所高等学校的三千余名学生如突然涨起的潮水，一下子覆盖了天安门附近，有组织地围聚在金水桥前的两个华表之下。

北京大学的学生是示威运动的发起者，但他们却是最晚到达天安门的。

原来，上午 9 点多，北大的学生们已经整装待发。他们从教室、宿舍、食堂等地奔涌而出，聚集在马神庙二院理科教室门口。傅斯年和几名担任领队的同学作了些简单的交代后，队伍就开始按计划出发了。

◎油画：《五四运动》

突然，一个西装革履的中年人气喘吁吁地跑了过来，拦住了队伍，厉声问道：“谁是带头的？你们不要胡闹，我是教育部的次长，都给我回去！”

学生代表邓中夏和黄日葵等人走上前去据理力争：“国家兴亡，匹夫有责！我们学生都懂得这个简单的道理，你这个堂堂的教育次长居然助纣为虐，你还是中国人吗？可耻……”学生们义愤填膺，厉声质问这名教育次长。他羞得满脸通红，理屈词穷，只能灰溜溜地回去请示上司。学生队伍被阻拦了一段时间后，终于再次出发赶往天安门。

先行抵达的学生队伍，以热烈的掌声和欢呼声欢迎着示威活动的发起者——北京大学同学们的到来。至此，天安门广场上人头攒动，喊声震天。学生们挥舞着各种颜色的小旗，高举着一个个醒目的标语牌，上面清晰地写着“废除二十一条”、“还我主权”、“宁为玉碎，不为瓦全”、“诛杀卖国贼曹汝霖、章宗祥、陆宗舆”、“头可断、血可流，青岛不可丢”等等口号。

天安门前的金水桥南，学生们在那里树立起数十面大小不一的白色旗子。一幅形似挽联的白旗竖立其中，异常醒目，上面写着一副对联：

卖国求荣，早知曹瞒遗种碑无字。
倾心媚外，不期章惇余孽死有头。

3日晚间谢绍敏血书的“还我青岛”四个大字也高挂在天安门前，望之触目，思之痛心，激起了学生们一波又一波青春热血。宽阔的天安门广场上，学生们有的演说，有的喊口号，声嘶力竭者有之，激昂慷慨者更有之。来往的群众了解了学生们的意图后，纷纷参与进来，示威的人群愈发壮大。

◎走上街头的学生队伍

北京军阀政府很快知道了消息，先是由一名教育部司长来劝说学生解散队伍，紧接着京城步兵统领李长泰率领军警赶到天安门，企图暴力阻止学生游行。

可笑的是，身为“民国”官员，李长泰居然身穿旧式天鹅绒织花马褂、褐色长袍出现在广场上。他仗着身边军警林立，老气横秋地命令学生们立即解散回校。

学生们眼见军警不仅不能内惩国贼，外扬国威，反而阻碍正义的示威活动，心中的愤怒将仅有的一丝恐惧都燃烧殆尽。怒不可遏的学生们站在一起，高喊着“外争主权，内惩国贼”的口号，一步步向军警们逼去，准备用一场流血的搏斗彻底洗刷掉军阀的无能。

李长泰见群情汹涌，并不敢犯众怒，只色厉内荏地叮嘱学生们要“注意举动的文明”，便在学生的哄笑声中撤退了。

驱赶了阻挠示威的军警，示威人群在广场上进行了短暂的集会。激动的学生们推举北大学生代表许德珩宣读了连夜起草的《北京学生界宣言》：

> 呜呼国民！我最亲最爱最敬佩最有血性之同胞！我等含冤受辱，忍痛被垢，于日本人之密约危险，以及朝夕祈祷之山东问题，青岛归还问题，今已有由五国公管，降而为中、日直接交涉之提议矣。噩耗传来，黯天无色。夫和议正开，我等所希望所庆祝者，岂不曰世界上有正义、有人道、有公理。归还青岛，取消中日密约、军事协定，以及其他不平等之条约，公理也，即正义也。背公理而逞强权，将我之土地由五国公管，侪我于战败国如德、奥之列，非公理、非正义也。今又显然背弃，山东问题，由我与日本直接交涉。夫日本，虎狼也，既能以一纸条文，窃掠我二十一条之美利，则我与之交涉，简言之，是断送耳，是亡青岛耳，是亡山东耳……

危机一发，幸共图之。

◎五四运动时期的许德珩

许德珩，这位北大文科才子的笔下字字血泪，在民族存亡的生死关头勇敢地站出来，痛心疾首地呼吁全国民众上下一心，为自己，为民族，"不独立，毋宁死"。

在短暂的集会中，早期接受共产主义思想的知识分子邓中夏、黄日葵、高君宇、张国焘等人起到了核心领导作用。北大学生许德珩、朱自清、杨振声、成舍我等人都是会上的活跃分子。

大约在下午2时30分，学生们开始整合队伍，准备按照事先计划好的路线开始示威游行。游行的总指挥是傅斯年。队伍出发后，在沿途散发了近一万份传单。这是由罗家伦起草的白话文通告，题为《北京全体学界通告》：

现在日本在万国和会要求并吞青岛，管理山东一切权利，就要成功了！他们的外交大胜利了，我们的外交大失败了！山东大势一去，就是破坏中国的领土！中国的领土破坏，中国就亡了！所以我们学界今天排队到各公使馆去要求各国出来维持公理，务望全国工商各界，一律起来设法开国民大会，外争主权，内除国贼，中国存亡，就在此一举了！今与全国同胞立两个信条道：

中国的土地可以征服而不可以断送！

中国的人民可以杀戮而不可以低头！

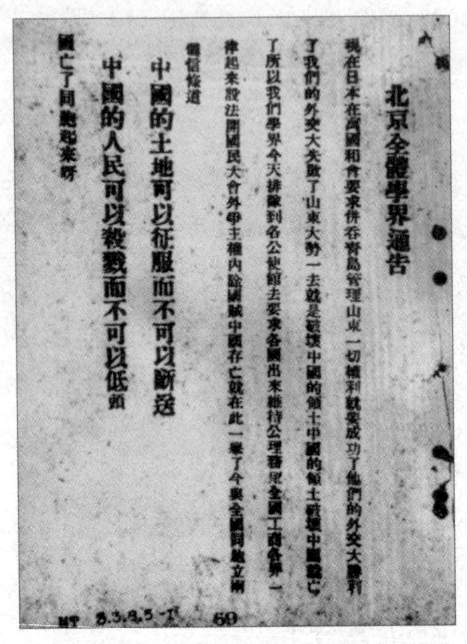

北京全體學界通告

現在日本在萬國和會要求併吞青島管理山東一切權利就要成功了他們的外交大勝利
了我們的外交大失敗了山東大勢一去就是破壞中國的領土中國的領土破壞中國就亡
了所以我們學界今天排隊到各公使館去要求各國出來維持公理務望全國工商各界一
律起來設法開國民大會外爭主權內除國賊中國存亡就在此一舉了今與全國同胞立兩
個信條道

中國的土地可以征服而不可以斷送

中國的人民可以殺戮而不可以低頭

國亡了同胞起來呀

◎示威学生散发的传单《北京全体学界通告》

许多闻讯而来的群众听到学生们声泪俱下的演讲，看到传单上的悲怆控诉，不禁面露戚容，心情变得沉重起来，不由自主地加入到示威的学生行列中。就连守候在周围负责监视学生举动的军警，也不免双眼泛红，远远站着，没有表现出任何阻止学生示威的意思。

很快，警察总监吴炳湘来到现场，对游行进行干涉。吴炳湘一番软硬兼施的表演并没有换得学生的“回心转意”，反而被学生们申斥得面红过耳，不得不悻悻而去。

游行队伍浩浩荡荡地涌出中华门，朝东交民巷的方向奔去。一路上，“废除二十一条”、“还我青岛”等口号如解冻春雷一般，震动着古老的京城。五颜六色的传单撒向沿途围观的人群，越来越多的群众加入了示威游行的行列。

游行的队伍在呐喊，围观的群众也在呐喊。这响彻云霄的呐喊惊醒了东方沉睡的“雄狮”。一声声惊天动地的怒吼即将震碎古老中国的枷锁，迎来改天换日的新生。

东交民巷外遭拒

东交民巷位于天安门广场东南角一侧。这是一条异常宽阔的巷子，道路两旁矗立着各种各样的外国建筑，仿佛各国的建筑风格都能在这里找到样本，好似一处小型的世界建筑大观园。

东交民巷原名东江米巷，附近一带是北京传统意义上的行政区，那里保留着许多中国的行政机构和会馆等建筑。1840 年鸦片战争以后，列强纷纷向北京派驻使节，就在这一带建立了很多公使馆。1900 年的义和团运动曾经进攻过这里，杀死了很多外国人。所以，清政府和各列强国家在 1901 年签注的那份丧权辱国的《辛丑条约》上，明确规定这一片地区中国人不得随意通行。更加过分的是，合约中还注明各帝国主义可以自行派遣军队保护公使馆安全，中国人一律不准在所谓的租界区内居住。野心勃勃的列强们在使馆区四周建起了又高又厚的围墙，炮位和射击口布满了墙头。列强在这片区域内自设有警察和管理人员，就连中国军警也无法在这里穿行。

这“国中之国”的怪事居然被北京军阀政府一直容忍，小小的使馆区却拥有着左右中国命运的巨大能量。

5 月 4 日下午，当学生们游行至东交民巷西口的美国使馆门前时，即被一道铁栅栏阻拦挡住了前行之路。原来，北京军阀政府早有准备，命令巡捕房阻挠学生的游行，唯恐引起“外国友人”的不满。

这时，一个手持警棍的巡捕出现了。他警告学生们没有大总统的特别命令，任何中国人都不能出入使馆区。

◎五四运动时的东交民巷

学生们顿时热血沸腾，气塞胸膛。中国人竟然不能在自己的领土上自由通行！学生们与使馆区的巡捕房交涉了两个小时之久，仍然不被允许通过。愤恨之余，学生们更多的是心痛：“国家尚未灭亡，我们就已经不能在自己的土地上自由行走了；如果真的亡了国，不知还有什么样的屈辱痛苦等着国人去面对呢?”

傅斯年和罗家伦等游行指挥者经过简单商议后决定，既然已不能按照原定计划通过使馆区，只好推举学生代表向美国公使递交准备好的《陈词》，来表达中国民众的诉求。

罗家伦、张廷济等 4 名学生代表分别前往美、英、法、意使馆投递这份落款为“北京高等以上学校学生一万一千五百人谨具”的中英双语《陈词》。不巧的是，这天是星期日，各国公使皆不在使馆内，也找不到其他负责人。罗家伦等人只好将《陈词》留在使馆内，回到了游行队伍中。

这份《陈词》表达了中国人民反对侵略，誓死收回山东权益的决心。其中，投递给美国使馆的《陈词》全文如下：

吾人闻和平会议传来消息，关于吾中国与日本国际间之处置，有甚悖和平正义者，以最真挚最诚恳之意，除辞于阁下：1915 年 5 月 7 日二十一条中日协约，乃日本乘大战之际，以武力胁迫我政府强制而成，吾中国国民誓不承认之。青岛山东一切德国利益，乃德国以暴力夺去，而吾人之所日思取还者。具以对德宣战故，断不承认日本或其他任何国继承之。如不直接交还中国，则东亚和平与世界永久和平，均不能得确切之保证。贵国如保持民主之独立，与人类制公权，及世界和平之局而战，1917 年 1 月 10 日协约国美国公使公牒，吾人对之表无上之钦佩与同情，吾国与贵国同胞抱同一主义而战，不得不望贵国之援助。吾人念贵国与我中国素敦睦谊，为此直率陈词，请求贵公使转达此意于本国政府，于和平会议予吾中国以同情之援助。谨祝

大美国万岁！

贵公使万岁！

大中华民国万岁！

世界永久和平万岁！

北京高等以上学校学生一万一千五百人谨具

从这份《陈词》中可以看出，学生们发起运动的初衷，主要是反对日本帝国主义。而美国与日本在中国利益争夺上的矛盾，无疑是学生们试图利用的关键。再者，威尔逊的“和平十四条”讲得非常动听，美国总统一度成为了中国人眼中正义的化身。虽然巴黎和会的失败让国人狂热的头脑渐渐趋于冷静，但仍有大批学生沉浸在对列强“公理”的迷信之中。

据《每周评论》记载，当日，美国使馆对待游行学生的态度确实与日本不同，文章提到：“队伍到了东交民巷西口，使馆区内的巡警不放行。先是打电话给美、英、法三国使馆，他们都说很欢迎的。到西口的时节，美国兵营的军官也放行了，并且还要让学生从美兵营和使馆经过，无奈巡捕房坚不许走。”如果按照当时的情况来看，受阻的学生在美国使馆前大喊：“大美国万岁”，“威大总统万岁”等口号，就没有什么可奇怪的了。

◎五四运动时，街头张贴的“毋忘国耻”标语

三千多名学生被阻拦在东交民巷西口外，在烈日下曝晒了近两个小时。整个民族遭受欺压的痛苦似乎从没有在这

里、在这一刻体验得那样真切、那样沉重。学生们不由得想到了那些尚处于日本侵略者压迫下的山东同胞，一时间怒由心生，愈发痛恨起卖国贼的无耻和军阀政府的昏庸无能。

游行队伍走走停停，数次被巡警勒令改变前进方向。学生们怒不可遏，就如匡互生在回忆中所说的："于是素不感觉外力欺压痛苦的人们，这时也觉得愤激起来了！'大家往外交部去，大家往曹汝霖家里去！'的呼声真个响彻云霄。这时候，无论怎样怯懦的人也都变成了一些有勇气的人了！"

前往曹汝霖家的建议得到了学生们的赞同，队伍开始朝赵家楼方向行进。

游行队伍总指挥、北大学生代表傅斯年见同学们情绪激动，担心做出过激举动引来政府的镇压，极力阻止学生队伍前往赵家楼。但此时他已经没有办法掌控游行的节奏。沿途军警戒备更加森严，便衣特务时常出现在队伍两侧，学生们对此却毫无畏惧。

火烧赵家楼

1919 年 5 月 4 日下午 4 时许，游行队伍经崇文门和长安大街，穿街过巷涌到赵家楼胡同前街的曹宅门前。

曹家大院门窗紧闭，军警密布，戒备森严。原来，当日中午，曹汝霖、章宗祥正应徐世昌之邀在总统府参加宴会，主要是为刚刚从日本归来的章宗祥洗尘。参加宴会的还有陆宗舆和钱能训等人。

当学生们游行示威，大喊惩办卖国贼的消息传来时，有官员劝曹汝霖等人暂时留在总统府躲避一时，不要回家。但是曹汝霖、章宗祥哪里将赤手空拳的学生放在眼里，执意回去。于是徐世昌特别电令警察总监吴炳湘，要求其加派两百名警察到曹宅守卫，以防学生冲击。

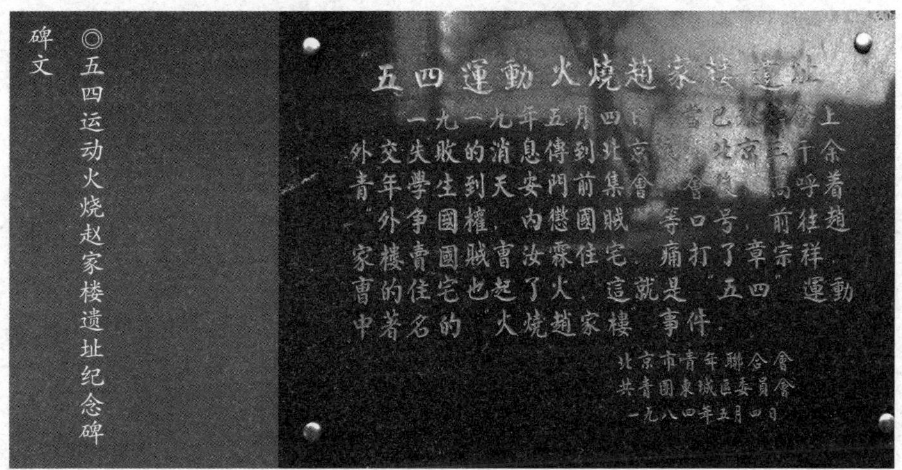

◎五四运动火烧赵家楼遗址纪念碑碑文

曹汝霖及章宗祥回到赵家楼后，亲日派代表、陆军部航空司长丁仕源和一名叫中江丑吉的日本新闻记者也随后来到曹宅。他们都认为，学生们不至于有什么暴力的举动，即使有意外情况发生，也会被警卫用武力制止。

游行队伍到达曹宅后，很快与警卫发生冲突。学生们一边高喊着："卖国贼快出来见我"，一边奋力冲破警卫的阻拦，三五成群地将荷枪实弹的警卫分割包围起来，向他们宣扬爱国道理。

几个早已将生死置之度外的学生，奋力跳上围墙，砸毁铁窗，跃入曹宅院内。在院落里担任守卫的十几名全副武装的卫兵，早就被院墙外震天动地的喊叫声所震慑，并且由衷地对这几名从天而降的学生感到敬佩。他们主动取下枪口上安好的刺刀，退出枪膛里的子弹，默默走到一边，没有阻止砸开大门铁锁的学生。

大量学生从打开的后门冲进曹家大院时，闻讯的曹汝霖和章宗祥已经躲避起来。富丽堂皇的大厅里空无一人，正面墙上高挂着的日本天皇画像更激起了学生的愤怒。大家一齐冲进去，将画像撕得粉碎，又将厅内摆设的名贵家具通通抛到院子里。

冲进内厅的学生碰见了曹汝霖的父亲及曹汝霖的小妾。学生们并没有伤害他们，而是交代院里呆站着的警卫带走他们。由此可见，情绪激动的学生们仍然保持着理智，并没有肆意伤人。

忽然，有人发现了一条甬路，通往曹家的花园。学生们冲进去一看，一张圆桌旁边坐着几名东洋人和一个身穿东洋装的中国人。此人一脸泰然地喝着茶，好像没事一般。学生们上前仔细辨认，认出正是“大仇人”章宗祥，于是纷纷怒声责骂其卖国求荣。

章宗祥无动于衷，反而是旁边的几个日本人当即站了起来，嘴里面叽里呱啦地指着学生们鬼叫，样子极其嚣张。章宗祥仗着有日本人撑腰，稳稳当当地坐着没动。这一下，学生们愤怒了，不知是谁喊了一声“打”，顿时拳头如雨点一般落在章宗祥身上。

章宗祥老奸巨猾，就势倒地，佯装昏死过去。那名日本新闻记者中江丑吉，急忙扶起章宗祥逃出后门，藏入对面的一家杂货铺内，不料又被过往学生看见。学生们将两人拖了出来推倒在地，用手中的旗子等物品一边抽打，一边痛骂。有学生随手拿起杂货铺内的鸡蛋，一个劲地往两人身上狠砸。摔碎的蛋清和蛋黄糊满了章宗祥的全身。这位一句“欣然同意”将山东半岛拱手送人的大卖国贼，此刻被学生们戏弄成了真正的“混蛋”。

◎匡互生

此时，在曹宅前院，学生代表之间却发生了争执。原来，北京高等师范学校的学生代表匡互生等人因没有找到曹汝霖，愤恨难平，遂取出事先准备好的火柴和煤油，决定放火逼出曹汝霖。然而，此事被北大学生代表段锡朋发现后，坚决反对火烧曹宅。他阻止匡互生说：“事关重大，我负不了责任。”匡互生及数名已存死志的学生大笑着说：“谁要你负责任，你也确实负不了责任。”语毕，几人毅然将携带的油泼到了大厅内的地毯上，

扔下一根火柴。霎时，一道“火蛇”便吐着“信子”，火势顺着地毯蔓延开来。

熊熊大火很快吞噬了大厅，滚滚浓烟弥漫在赵家楼上空。此时已近晚上6时。火光映红了傍晚的天空，仿佛赵家楼是另一个夕阳，即将在日落后腐朽消失。至此，“五四”示威运动以火烧赵家楼而进入高潮。

眼见卖国贼的巢穴即将化为灰烬，示威游行的学生们心中积压已久的怒气才稍稍缓解。大家已经筋疲力尽，三三两两地分头散去了。

约半个小时后，警察总监吴炳湘和步兵统领率领大批军警赶到，一面扑灭大火，一面抓捕尚未撤退的学生。许德珩、杨振声等来自5所学校的32名学生被如狼似虎的军警逮捕入狱。参与抓捕的军阀头目公然叫嚣：“宁可十年不要学校，不可一日容此学风。”

然而，军阀能扑灭赵家楼的大火，却扑不灭学生们心中已经燃起的反抗火焰。反动政府能将学生们锁在黑暗的牢笼里，却锁不住热血青年的拳拳爱国之心。在狱中，被捕的学生团结一心，不屈不挠地坚持斗争。许德珩在狱中写了两首鼓舞士气的诗歌，表达被捕学生的旺盛斗志。其中一首这样写道：

为雪心头恨，而今作楚囚。
被拘三十二，无一怕杀头。
痛殴卖国贼，火烧赵家楼。
锄奸不惜死，来把中国救。

京城总罢课

赵家楼的一场大火触动了反动军阀敏锐的神经，他们对学生的爱国行动恨之入骨。1919 年 5 月 4 日晚，国务总理钱能训在家中召开内阁会议，商讨对付学生的办法。与会的官员议论纷纷，有的主张将参加此次游行的学校一律解散，有的建议将各校校长免职查办，还有的人认为应该对闹事的学生进行大搜捕。

与此同时，总统府内也在筹划取缔和镇压学生运动的计划，军警宪特等暴力武装也都蓄势待发。

其实，军阀内部在对待学生运动的处理意见上也存在着很大分歧。手无实权的大总统徐世昌和教育部长傅增湘等人主张怀柔，认为对学生不宜采取过激的手段。而手握重兵的皖系军阀段祺瑞等人则不同，他们极力主张要严厉镇压学生运动，断不可心慈手软。当然，这些分歧也是军阀之间派系纷争的外在表现。在此次事件中惨遭学生“毒打”的曹汝霖及章宗祥等人都是亲日派的代表人物，与段祺瑞的利益息息相关。如今手下的“狗”被打了，作为“主人”的段祺瑞自然要出面讨回“公道”。

那么，如何处理被捕的 32 名学生呢？军阀们也没能统一意见。北京政府的司法部门和宪警当局也弄不清楚这些学生究竟按什么罪名处置，是送交法院审判还是递解大理院关押？似乎都不合适。

反动军阀的内部矛盾使其在对待被捕学生的问题上，充满了不确定因素。不过有一点是肯定的，那就是学生们在关押期间受到了宪警公开的侮辱和迫害。

许德珩等人被捕后，被捆在运猪的手推车上，拉进了位于前门户部街的步兵统领衙门。在这里，学生们被关进站笼里蹲了几个小时，

◎北洋军阀派兵拘捕爱国学生

然后被关进了一间小牢房里，说话不能自由且不说，就连便溺也都有人监视着。这间小牢房内只有一铺炕，东西两侧被恶毒的狱警各摆放有一个大尿桶，臭气熏得令人作呕，根本没有办法睡觉。学生们被勒令每半小时必须抬一下头，或者翻一下身，向狱警证明还活着。每人每天只能得到一个窝头，就着白水充饥。但是学生们依旧斗志高昂，在阴暗潮湿的小牢房内守望着民族的黎明……

夜幕沉沉，巨大的黑暗已经笼罩了古老的京城。游行归来的学生们已然没有任何心情庆祝白天的辉煌。同学被捕的消息让大家的心里如同浇灌了铅块一般沉重。学生们没有回到宿舍休息，也无心吃饭。大家不由自主地聚在一起，商讨如何营救被捕的同学以及怎样继续开展接下来的斗争活动。

北大的学生会议依然在法科礼堂举行。校长蔡元培亲自参加了会议。他对学生们的爱国举动表示支持和敬佩，同时要求学生应该立即散会，停止任何过激的活动，明天全校恢复正常上课，以免军阀宪警入校干涉。蔡元培恳切地说：“我谨向大家保证，同学们一日不保释，我一日不放弃营救的责任！”

然而，激愤的学生并没有采纳蔡元培的意见。他们认为应该进一

◎邓中夏

步联合起来，实行全面的学生罢课，以更为壮大的斗争来逼迫军阀政府做出让步。

当晚，北大成立了学生干事会，担负起学生运动的组织工作。数百名学生争相加入了干事会，分别承担起总务、文书、交际、会计、演讲等各项事务。国民社和新潮社中的很多骨干成员也成了干事会的积极参与者，比如邓中夏及黄日葵等人加入了文书股，负责编辑《五七》小报，担负起对外宣传的责任。

5 月 5 日清晨，北大学生会约同北京各高等学校学生会召开会议，决定自即日起一律罢课。在发往各省的罢课电文中，学生们陈述了两点不得不罢课的理由。其一，北京数千名学生既伤感于政府无能，外交失败，又悲愤于爱国学生的无辜入狱，还有何心情研究学问？其二，山东半岛尚处于日寇铁蹄之下，被捕学生尚在狱中承受非人折磨，学生们为这两件事整日奔波尚无结果，哪里还有时间读书呢？

这天上午，北京各大高等学校出现了一个奇特的现象，星期一的校园内听不到朗朗的读书声，教室中竟然空无一人。第一次大罢课开始了。

罢课活动开始后，学生代表们就通过各种渠道向北京政府提出了严正要求：立即释放被捕学生；立即致电巴黎和会四国首脑，坚决不承认“二十一条”，直接收回山东半岛的管理权；立即联络在巴黎的中国代表团，决不得在所谓的合约上签字；立即免除曹汝霖、章宗祥等人的职务，严惩其卖国罪行。

在这份义正词严的要求信函末尾，学生们坚定地表示：“国权一日不复，国贼一日不去，吾辈之初志一日不渝！”

5 月 6 日，北京中等以上学校学生联合会宣告成立。各校分别推举优秀的学生代表进入学生联合会担任职务。其中，邓中夏被推举为总务干事，瞿秋白也参加了学联的工作。在这些具有初步共产主义思想的知识分子的领导下，“五四运动”的浪潮开始有组织地稳步向前推进。

当学生们紧锣密鼓地进行罢课活动的筹备工作时，北京各校的教职员工也于同一天下午在北大召开了会议。蔡元培及北京高等学校 14 名校长参加了会议。参会者纷纷反对教育部于当日上午下达的“将为首闹事学生一律开除”的命令。校长们认为此事错误的根源在于政府的无能，不应该让少数学生来承担责任。会议通过决议，联名向北京政府提出释放被捕学生的意见，如果政府不采纳此意见，北京各校全体教职人员不惜以辞职相胁。

5 月 4 日的学生游行示威以及接下来的罢课行动，代表了全国人民不甘沦为亡国奴的心声。社会各阶层人士普遍同情并支持爱国学生的正义行动，一致谴责北京政府镇压学生运动的倒行逆施。

民主革命的先行者孙中山等社会名流，公开表示同情学生，申明爱国无罪。

北大教授李大钊等人四处奔走，联络各学校进步教师同心协力，呼吁释放被捕学生。

蔡元培连同其他 14 名校长举行会议，讨论营救方案，往返于学校与政府之间反复交涉，费尽心血。

天津和上海等地的学生和社会各界人士纷纷发出通电，支持北京学生的罢课行动，要求北京政府“速将被捕学生释放”。

事件如滚雪球一般，越闹越大，甚至一些国会议员也向政府发出了质问书。军阀们没想到逮捕了区区几十名学生，会犯了天下人的众怒，一时间也是慌了手脚。密探早就传回消息，北京和全国各地都要在 5 月 7 日“国耻日”这一天召开国民大会，届时这些正处于罢课阶段的学生不知会搞出多大的乱子来。思前想后，军阀政府不得不考虑释放在押的学生。

6 日，警察总监吴炳湘面见大总统徐世昌，请求务必释放学生。他说道："若是不释放学生，北京的秩序势必紊乱，属下可负不起此等责任，唯有即刻辞职，请总统另选贤能。"随后，吴炳湘又汇报了学生们的筹划，社会名流的激愤以及政客们的愤愤不平。总之一句话，事态已经到了非释放学生不可的地步了。

此时，大总统徐世昌已顾不得段祺瑞的面子了，当即授意吴炳湘负责释放学生事宜。6 日晚间，吴炳湘找到北大校长蔡元培，提出在实现两个条件的前提下释放被捕学生。其一，约束学生不得参加 5 月 7 日的国民大会；其二，北京各校明日起一律复课。蔡元培完全答应了这两个条件。

在蔡元培等校长的劝说下，当天上午，各校学生代表手里拿着写有"尔忘五七乎?"的小旗，相约来到警察厅门前等候。钟鸣过后，13 辆载有被捕学生的汽车相继开出。被捕学生顺利返回学校，学生开始复课。至此，第一次全面罢课取得了初步胜利。

各学校都举行了隆重的欢迎仪式。北大学生聚集在汉花园红楼北面的广场上，蔡元培校长亲自前来迎接许德珩等二十人的归来。学生们拥抱在一起，相对无言却不免热泪盈眶。是啊，此时此刻，语言是苍白的，什么也不能够表达出这群出生入死的热血青年心中翻滚的情感!

同样，在北京高等师范学院，足有七八百名学生和教职员工在学校大门口欢迎着匡互生等人的归来。学生们给匡互生等人戴上了大红花，欢呼着将他们高高举起，抛向空中，尽情释放连日来的担心和压抑。

被捕的学生虽然被释放了，但是 5 月 7 日这一天，却难免在平淡中过去了。北京政府严令禁止国民外交协会在这一天召开国民大会。

这一天，天安门一带戒备森严，左右 1 公里范围内的交通被断绝，

◎图为北京高师被捕学生返校时受到热烈欢迎

中央公园的大门早早就被封闭。2000 多名警察、成百上千的马队、步兵布满街头。前来开会的群众被来来回回的马队蛮横地冲散，集合演讲的人群也遭到宪警手中警棍的驱赶。这是一个被反动军阀暴力所覆盖的“国耻日”。

国民大会的失败并没有消散掉学生们的爱国热情，全面罢课的胜利已经证明了团结的力量。青春不息，救亡图存的斗争就不会停止。

星火燎原

1919 年 5 月 9 日，清华学校全体学生于校内体育馆举行了悲壮的“国耻纪念会”，决议通电巴黎和会的中国代表坚决拒绝签字。年轻的学生们高举着右手，发出了青春不悔的热血誓言：

“口血未干，丹诚难泯，言犹在耳，忠岂忘心，中华民国八年五月九日，清华学校学生，从今以后，愿牺牲性命以保护中华民国人民、土地、主权。此誓。”

会后不久，激动的学生们又在大操场上集合，烧毁了在校内搜检出的所有日货。

9 号这一天，还发生了另一件大事，那就是北大校长蔡元培的离职出走。

原来，由于北京大学是新文化运动的中心，又是五四游行示威活动的发起者和组织者，因此作为校长的蔡元培理所当然地成了反动军阀攻击的主要目标。

早在 5 月 4 日晚间召开的内阁会议上，军阀们就已经将北京这数千名学生所犯下的“罪行”都归咎于北京大学，而北京大学的“罪行”当然就是蔡元培的过错。在会议上，国务总理钱能训曾公开责问偏袒学生的教育部长傅增湘：“你总是说蔡元培的校长地位不能动摇，那么如果蔡元培死了又该如何呢?”见事已不可为，傅增湘在 6 日便提交了辞呈。

蔡元培一方面要面对军阀政府的兴师问罪，一方面又要压制学生们无止无休的爱国运动，不由心力交瘁。百般思量之后，蔡元培于 9 日向政府递交了辞呈，于当日清晨悄悄离开了北京。

蔡元培在当时是受到广大师生尊重的好校长。特别是他积极地营救被捕学生，直至学生安全返校后，才辞职出走，这些都赢得了师生的同情。学生们坚决要求政府寻找蔡元培回校，拒不承认军阀另行安排的北大校长。这次离职出走事件，对于蔡元培这样一位资产阶级自由主义教育家来说，或许是消极的。但是，这一消极的举动却起到了意想不到的积极效果。

北大的教师和学生站在一起，马叙伦、马寅初、李大钊、康宝忠等教职员代表北京教职员会，向北京政府发出了“如蔡不留，即一致总辞职”的决议。

一波未平，一波又起。正当师生们一起努力挽留蔡元培的时候，军阀政府所谓的检察厅居然不顾社会舆论的强烈反对，传讯许德珩等32名同学，进行第一次“预审”，妄图追究出五四运动的“策划人”。

当真是滑天下之大稽。军阀政府的出尔反尔激起了社会各界的愤怒，一场更加浩大的运动即将展开了。

5月10日，许德珩等同学在所谓的预审结束后，发表《声明状》，谴责检察厅不检举曹汝霖等卖国贼的罪行，反而传讯无辜学生的错误行径。不久，北京中等以上学校全体学生提出“自行检举”呈文，要求集体自首，“如爱国有罪，吾等静候处分”。

5月13日，北京各大专学校校长力争挽留蔡元培，一致提出辞职文书。同天下午，北京教职员联合会和学生联合会共同向军阀政府发出警告，要求迅速回复爱国师生的要求，否则，全体学生将再次罢课，教职员也将全体辞职。

一连串的凌厉攻势，犹如惊涛拍岸一般，强烈震撼了北京政府。不得已之下，徐世昌终于以大总统的名义下达了挽留蔡元培的指令。然而，反动军阀是极其狡猾的。北京政府在被迫下达挽留蔡元培命令的同时，一并发表了挽留曹汝霖等卖国贼的命令。而且就在当天晚间，北京政府又连续下达了两道恐吓和镇压爱国学生运动的命令，指令各级行政机关切实约束学生行为，严禁学生“干预政治”，严禁“学生集会”，有不服弹压者，要“遵照前令，依法逮惩”。

最为气愤的是，北京政府的国务会议还通过了在《凡尔赛合约》上签字的决定，命令出席和会的中国代表“径与日本提携，实行中日联盟”!

所有这些，使学生们更加认清地认识了反动军阀的本质，不再对北京政府抱有任何幻想，心中的斗志愈加旺盛。

5月18日，北京中等以上学校及外省市学生代表共5000多人，在北大法科礼堂，召开了郭钦光追悼大会。

◎郭钦光追悼大会

郭钦光是广东文昌人，是北大文预科一年级的学生。可以说，他是五四运动中为国捐躯的第一人，也可以说是新民主主义革命时期为国捐躯的第一个烈士。郭钦光不顾自己患有肺病，坚持参加了 5 月 4 日的游行活动。在游行中，郭钦光因遭受军警追击，劳累过度，在火烧赵家楼之后又在混乱之中被军警和曹家爪牙殴打受伤，吐血不止，最后终因伤重不治而身亡，年仅 20 岁。

在追悼会的现场，社会各界送来 3000 多幅挽联，挂满了礼堂四周。其中几幅写道："君去矣，甘将热血红青岛；吾来也，不许狂奴撼泰山"，"杀身成仁，豪气横吞沧海日；前呼后应，哭声寒咽浦江潮"。这些挽联充分表现了郭钦光烈士不屈不挠的斗争意志和一往无前的英雄气概。

在会场肃穆、沉痛的七分钟，北大学生代表许德珩发表了追悼烈士的演说。每说到悲壮之处，大家无不伤心落泪，心中愈加痛恨反动军阀，纷纷表示誓将斗争进行到底。这场追悼大会，实际上成为 5 月 19 日总罢课的动员誓师大会。

1919 年 5 月 19 日，狂风又起。北京 26 所大中小学宣告罢课。不久，罢课规模进一步扩大，全市所有中等学校的学生加入了罢课风潮，罢课总人数达到 25000 人。

这是一场规模空前的大罢课，也是一场更具威力的爱国主义风暴。罢课学生们不再困守在校园里，而是像海潮一般涌上街头，在北京城的大街小巷开始了一场声势浩大的爱国宣传活动。

学生的罢课运动很快赢得了爱国商人的支持。5 月 24 日，学界和商界联合会宣布抵制日货，鼓励使用国货。商界的影响力是毋庸置疑的，日本很快承受不住日货滞销的压力，向北京政府发出警告，胁迫取缔学生的“反日”活动。

唯命是从的北京政府马上遵照日本人的旨意，再次加强了对学生的镇压力度。段祺瑞撤换了镇压学生不力的李长泰，将素有“屠夫”之称的王怀庆推上了步兵统领的位置。由此，北京完全置于军事控制之下了。

学生们无畏无惧，竟然带着面包和牙刷走上街头继续演讲，做好了被逮捕的准备。反动军警没想到学生们居然无视他们的存在，不由得恼羞成怒。6 月 3 日这一天，军警、宪特轮番出动，共逮捕了学生 170 余人。

然而，早已将生死置之度外的学生们在第二天仍然坚定地出现在街头，演讲、散发传单……这注定又是悲壮的一天，在冲突中又有大批学生被捕。有的学生双手被捆缚在身后，被蛮横的军警推搡着前行，脚下的踉跄毫不影响嘴里不停地演说。围观的群众深受震动，悄悄地低下头，不敢让军警看见脸上因同情而流下的眼泪。这一天，被捕的学生达到了 700 名。

6 月 5 日，走上街头的学生人数增至 5000 多人，他们肩背行李及日用品，一路高呼口号，轮流演讲，甚至连警察局门口也聚满了勇敢的学生。

这声势浩大的活动，已经不再是北京一地的学生运动，而是中国民众争夺自由与尊严的斗争运动。星星之火，可以燎原，一场席卷各地的风暴展开了。

在天津，从 1919 年 5 月 5 日开始，各校学生纷纷发起了集会、游行示威等活动。随后，还成立了“天津学生联合会”、“女界爱国同志会”、“天津救国十人团联合会”等团体。这些爱国团体发动学生、教师、教徒、店员、工人开展罢课、集会、讲演、撒传单、游行示威等活动，揭露日本帝国主义的侵略和北洋政府的卖国罪行，同时开展抵制日货的运动。

5 月 31 日，天津码头工人 7000 余人拒绝给装载日货的洋轮卸船。6 月 5 日，数千名学生集会，提出“誓保国土，誓挽国权，誓惩国贼”的誓言。6 月 9 日，社会各界 2 万余人召开公民大会，要求北洋政府惩办卖国贼，取消“二十一条”。6 月 10 日，天津商界罢市，人力车夫全部罢工，其他行业工人也纷纷酝酿罢工。天津总商会急电北洋政府，要求惩办卖国贼并保护学生，以挽救危机。天津各界的爱国运动极大地推动了五四运动的进程，同时也涌现出了周恩来、马骏、刘清扬、郭隆真、邓颖超等大批杰出青年。

在山东，早在 1919 年 2 月 5 日，山东就组织过外交后援会，致电巴黎和会代表：“青岛问题务请坚持，万勿退让，鲁民全体誓以死力

◎天津部分罢课学生为纪念斗争初步胜利合影

待。”电文告诫中国代表，一定要坚持爱国主义民族立场，维护国家的神圣职权，不要对帝国主义妥协让步。

4月20日，济南举行空前规模的国民请愿大会，声讨日本帝国主义霸占青岛、山东和北洋军阀政府出卖山东主权的罪行。大会明确提出了“外争青岛，内惩国贼”、“废除非法的卖国条约”等口号，成为全国五四运动的先声，对全国的群众斗争带来了极大的鼓舞和激励。5月4日，北洋政府逮捕爱国学生的消息传到山东后，山东省议会副议长张公制和王鸿一，当即会同山东外交协进会代表赶赴北京，要求北洋政府释放被捕的爱国学生，废除非法的卖国条约，指责内阁在山东问题上的失败。为支持北京爱国学生，为挽回山东主权，他们奔走呼号，表现了山东人民反帝爱国精神，唤起了全国各阶层人民对青岛、山东问题的关注，对五四爱国运动起到了积极的推动作用。

在日本、法国等国的留学生以及南洋华侨学生都展开了爱国宣传和游行示威，响应国内此起彼伏的学生运动。数十万青年学生英勇地站在斗争的第一线，这是五四爱国运动初期的一个特点。但是，仅凭一城一隅学生们的爱国热情和英勇斗争是不能取得胜利的，这就使全国范围内联合组织的出现成为了必然。

6月16日，全国学联成立大会在上海召开。来自北京、上海、天津、南京、武昌等全国各省市学生代表50余人参加了会议。同时，教育界、商界、报刊界等都派有代表出席了学联成立大会。

全国学生联合会的成立，代表着五四运动已经发展为全国范围内的爱国主义运动。它不再是自发的、孤立的学潮，而是一场有组织的群众运动。一时间，北京、上海、山东、天津等地纷纷开展起各种爱国活动：召开大会、游行示威、散发传单、街头演讲、抵制日货等等。

“学生运动是整个人民运动的一部分，学生运动的高涨，不可避免地要促进整个人民运动的高涨”。全国各地的学生运动此起彼伏，愤懑和仇恨在社会各阶层中迅速蔓延开来，人民被激怒了。在这场轰轰烈烈地时代大潮中，中国工人很快取代了学生的位置，为五四运动的延续注入了更为强大的力量。由此，五四运动进入了新的阶段。

黄埔滩头的怒吼

五四运动前夕，上海市民已多次发起爱国运动。他们对内反对北洋政府发动内战及其所奉行的卖国政策，对外反对帝国主义侵夺中国主权的无耻行径。

1915 年，中日“二十一条”秘密谈判消息传出后，上海市民立即奋起抗争，成立了国民对日同志会等组织，大批留日归国学生与上海学生走上街头，散发反对中日交涉的传单。商界各同业公会、各地旅沪商帮均纷纷发起抵制日货的活动；日商在上海的工厂也遭到中国工人的罢工抵制。“连日城厢内外街巷各处墙上及电杆木桩上均贴有抵制日货传单”，围观者甚众，“无不发竖眦裂，怒愤填膺”。

1915 年 3 月 18 日，上海各界民众三万多人在张园集会，要求北洋政府中止对日谈判。5 月 9 日，袁世凯不顾全国人民的反对，承认日本提出的“二十一条”。当天下午，上海国民对日同志会、中华国民请愿会、外交后援会、女子救亡储金会等再次举行国民大会，到会的四五万人一致表示：誓死反对二十一条。

尽管军阀政府一再禁阻，上海民众的抗议行动未曾稍减。同年 5 月 24 日，国民对日同志会等团体在九亩地召开国民大会，遭到军警镇压，大会代表被拘，与会者“被枪击踏践受伤之人甚众”。然而第二天，大量头缠绷带的民众依然出现在九亩地集会。当时在上海的中华革命党人周应时称“沪上人心，恨日恨袁，已达极点”，真实地表了上海民众救亡图存的高昂情绪。

1919 年初，巴黎和会召开。上海各界同全国民众一样，对此抱有很大希望，认为中国可以借“公理战胜强权”的机会，从而“挽百十年国际上之失败，与英美法并驾齐驱”。上海工商界还因此组织起“中华工商保守国际和平研究会”、“主张国际税法平等会”等机构，联合各省商会，致电巴黎和会与中国出席和会代表，以期争回主权。然而，这种希望很快破灭了。

5 月 1 日，上海《大陆报》率先向国内透露：中国政府在巴黎和会“索还胶州租界之对日外交战争，业已失败。”上海民众闻讯后，“人情愤激汹汹，大有赴汤蹈火，甘死不辞之概”，与北京学生发起的爱国游行运动形成了南北呼应之势。

5 月 14 日，来自京津地区的北京大学、北京国立法专、高等师范、天津南开大学、高等工业大学的首批学生代表方豪、王秉乾、袁祥和等10 余人到上海，向市学联各校代表大会报告了北京、天津地区五四运动的发展情况。京津两地的学生南下，进一步密切了上海与北京学生的联系，也促使上海学生联合会决定发起上海地区学生罢课的运动。大部分学校均组织起宣讲团、调查队、编辑印刷部等，罢课学生有组织地走上街头，利用图画展示、话剧表演、喊口号等各种形式宣传演讲、分发传单、检查日货。上海学生的活动大大扩大了五四运动的影响，使更多的劳动群众在爱国主义的感召下汇入反帝运动中来。

然而，仅凭青年学生的热血和激情，显然是无法撼动反动势力的庞大根基的。上海学联决定争取到商界的支持，发动罢市。

在第一次世界大战期间，上海的民族工商业得到了发展壮大的机会，进而促进了民族资产阶级的成长。上海民族资本家具有中国民族资产阶级的两面性特征：革命性和软弱性。一方面，他们痛恨于帝国主义的侵略，尤其是对刚刚起步的民族经济的蚕食鲸吞。所以，这些民族资本家积极地响应抵制日货的斗争，同情并支持学生的爱国运动，也反对北京军阀政府的软弱可欺以及镇压学生的倒行逆施。

但是，事情的发展往往还存在另外一个方向。当运动发展到不可控制的局面，需要这些民族资本家抛头露面成为“领头羊”的时候，他们却又顾虑重重，畏而不前，既害怕引火烧身，受到政府的攻击，又担心失去眼前的利益，从而影响到身家财产。

6 月 1 日下午，上海总商会门前像前些天一样，挤满了劝说罢市的爱国学生。学生代表们慷慨陈词，指出学生罢课的种种情形，希望能激起商会的爱国热情，以实际行动来响应国内斗争形势。然而，总商会依然踌躇不定，既担心商业罢市后经济利益受损，又顾虑会造成地方秩序的混乱，对于学生们的要求，只能以内部意见分歧、无法表决为理由而百般推托。

连日来上海学生的活动，早已引起了上海军警的注意。淞沪警察厅厅长徐国梁担心商会迟早会答应学生的罢市要求，每天如坐针毡，暗中布置了大批军警，打算用武力威胁和镇压来稳定风起云涌的上海局面。

6 月 4 日，一份来自天津学生联合会的电报震惊了上海学联，也震惊了整个上海滩。

原来，这份突如其来的电报，是关于北京学生遭遇“六三”大逮捕的紧急通知，并向全国民众发起呼吁，希望社会各界迅速联合起来营救被捕学生。这其中，由于北京军阀政府的消息封锁，这份消息在事件发生一天后，才得以让外界知晓。

上海市学生联合会毫不耽搁，立即将电文内容转送至上海各大报社，同时配合天津学联向全国发出了一封悲壮惨烈的呼吁通电，电文疾呼道：“军阀政府如此罔顾民心民意，竟然以刀枪斧钺强加于手无寸铁的学生身上，这是何等的悲哀？如今爱国学子的性命堪忧，身为炎黄一脉子孙的我们，不应该站出来救援吗？”

这天下午，学生们高喊着口号出现在街头，阴云密布的天空恰如反动军警那张阴森冰冷的脸。赤手空拳的学生们勇敢地冲破了军警为阻拦而设的防线，不顾在混乱中被打伤的疼痛，挨家挨户地散发着宣传罢市的传单。

◎上海学生在街头进行爱国宣传

几乎每一家商户的门前都有学生在劝说。关门罢市的要求让很多商户都难以接受，毕竟对于一些小商户来说，这是全家人赖以生存的经济基础。学生们并不气馁，动之以情，晓之以理地讲述着救亡图存的道理，甚至不惜沿街下跪，苦苦哀求，直至商户答应参与罢市。

◎上海商界罢市后在街头游行示威

在这场席卷全国的风潮中，谁都不可能置身事外。学生们的爱国激情感染了很多有良心的商人。上海一家古玩店的老板坚决支持学生倡导的罢市行动，被阻止的军警打得头破血流。可是第二天，这位老板仍然紧闭大门，坚拒开市。这样的情形在上海的大街小巷不停地上演着，很多商户都因拒绝警察的强迫开市而被打、被逮捕。

此时的上海，乃至于此时的中国，具有改天换日力量的人并不是这些热血的学生和商户，而是那些数量庞大、斗争性坚决的工人。上海，这个集中了 50 多万工人的工商业城市，所蕴藏的工人力量足以翻天覆地。然而，1919 年之前的工人群体尚未形成“阶级”概念。虽然中国的工人阶级从诞生起就无时无刻不在进行斗争，但那只是没有指导思想和组织领导的自发性反抗。直至五四运动的爆发，这种情况才得以改变。

商人罢市，需要承受经济上的损失，所以商界在这场运动中的表现难免比较软弱和被动。可是对于上海广大的工人群体来说，他们没有任何丧失私有财产的顾虑。因此，当罢市消息传来，许多外籍工厂的工人没有任何犹豫便自动选择了罢工，投身于这场浩浩荡荡的时代洪流中。

上海三友实业的工人，效仿越王勾践“卧薪尝胆”的典故，在工厂车间挂起了警钟。每天早上都安排工人敲击59响，以纪念“五九国耻日”。清脆的钟声往往伴着工长的一声大喝：“你们忘了五月九日的耻辱吗?”工人们齐声回答：“不敢忘!”

6月5日，原本应该机器轰鸣的上海日资棉纱厂内一片沉寂。数千名工人毅然离开了工厂，拉开了上海工人大罢工的序幕。从此，上海的工人斗争如奔腾不息的黄浦江水一般，一发而不可收。

同一天，日华纱厂、上海纱厂、中华书局、商务印书馆的全体工人以及沪宁铁路的部分工人，也加入到罢工的行列中。随着时间的推移，罢工的声势越来越壮大，参加罢工运动的工人数量也如滚雪球一样逐渐增多。至6月10日，已经有近10万各行业工人参与了罢工。上海市内一片狼藉，几近瘫痪。

至此，上海学生罢课、商人罢市、工人罢工的“三罢斗争”进入了高潮阶段。“三罢斗争”的实现，标志着五四运动的中心已经由北京转移至上海，运动主力也由学生演变为工人。由于上海工人罢工运动的实现，才引发了天津、南京、济南、武汉等城市一系列的罢工浪潮。

在全国人民的强大压力下，北京军阀政府不得不斟酌利弊，最终选择了“丢卒保帅”，于6月10日下发命令，宣布撤销曹汝霖、章宗祥、陆宗舆三人的职务。至此，轰轰烈烈的民众运动取得了阶段性胜利。

从此，中国的历史舞台上换了主角，工人阶级以磅礴的气势、开天辟地的力量出现在世人面前。它的出现，既从根本上奠定了五四运动的胜利基础，在中国现代史的篇章上添加了划时代的一笔。

第三章

庶民的胜利

当我们揭开笼罩在五四身上的层层光环，会发现“五四运动”不仅仅是一场学生爱国游行示威的胜利，也不仅仅是宣扬民主和科学的思想解放盛宴。五四运动是一次全民族反对帝国主义的胜利。此时的中国正处于旧时代终结和新时代开端的交汇路口。前方的路途上有坎坷，有迷雾，有希望，有救赎……

“文治总统”的默许

1939年，一位落寞的老人在天津英租界内悄然离世。这位老人的离去，在社会上引起了轩然大波。当时的国民政府还特别下发褒扬令，写道：“国之耆宿，望重群伦。比年息影津门，优游道素。寇临华北，屡思威胁利诱，逞厥阴谋，独能不屈不挠，凛然自守，亮风高节……”

原来，逝去的老人乃是大名鼎鼎的“文治总统”——徐世昌。

徐世昌出身官宦之家，他本人也是前清进士。1879年，在命运的安排下，徐世昌与袁世凯相遇，两人一见如故，结为盟兄弟。从此一文一武，在清末民初的政坛上相互扶持。但是他在袁世凯称帝后，却

◎徐世昌

悄然辞去了官职，与这位冒天下之大不韪的盟兄弟保持了距离，明智地选择了观望。直至袁世凯死后，徐世昌才重返政坛。

20 世纪初，中国社会风起云涌，大批乱世英雄趁势而起，在时代的舞台上恣意施展。其中，徐世昌算得上是民国时期的风云人物。因为他不仅是一个叱咤风云、胸怀甲兵的政客，更是一位学识渊博、高风亮节的国学大家。在徐世昌的身上，不难看出两种复杂矛盾的交织，他既秉承了中国传统知识分子的仁爱本性，又不缺封侯拜将、指点江山的野心抱负。

1918 年，皖系军阀段祺瑞与临时大总统冯国璋掀起了争夺民国总统的纷争。双方争执不下之际，唯有各退一步，选择两朝宰辅徐世昌接下这个烫手山芋。徐世昌在政界是出名的“和事佬”，将传统的中庸之道发挥得淋漓尽致。虽是一介书生却在军阀间进退有据，官运亨通，不动声色就当上了民国总统。

一向两面都不得罪的徐世昌在就职大总统的次日，也就是 1918 年 10 月 11 日，还特意派遣使节进宫觐见早已退位的溥仪，恭敬有加地“得其恩准”，这才心安理得地当起了总统，其圆滑之道可见一斑。

当时国内状况十分混乱。北京政府和广州军政府的南北分裂是徐世昌就任总统后，亟待解决的首要问题。饱经军阀战乱的民众渴望和平的呼声此起彼伏，正在巴黎筹备和会的美、英、法等国也先后表态，希望徐世昌能促进中国和平进程。在内外因素的催动下，徐世昌于就职半月后，签发了和平令，并于 11 月 15 日，在北京召集各省军阀督军商讨和议大计。在国内外一致的呼吁下，这些拥兵自重的军阀武装终于同意不再兵戎相见，服从大总统徐世昌的命令。

徐世昌所标榜的“偃武修文”的执政主张，由此迈出了第一步。

他所谓的“偃武”，就是促进南北和议，结束国内动乱局面；而“修文”，就是马放南山，重用文治，排斥武夫。徐世昌的施政主张确实取得了一定的效果，一时间，国内一派浓厚的和平氛围。“五四运动”中，学生们之所以能肆无忌惮地走上街头示威游行，可以说和徐世昌这位“文治总统”的默许不无关系。

1919 年巴黎和会召开后，徐世昌这个民国总统做得极其难受。他既不是满脑子钻营的卑劣政客，也不是拥兵自重的粗野军阀。巴黎和会上的失败让徐世昌悲愤的同时又只能无奈叹息，他知道自己身在这个看似辉煌的总统宝座上，却是真正意义上的“孤家寡人”。北京政府的权力实际掌握在段祺瑞的手中，而段祺瑞正是亲日派系的代表人物。正因为如此，在 1919 年 5 月 4 日，学生们爆发运动的时候，这位大总统力图和学生之间保持着相互谅解的态度。此时的徐世昌，更像是一位学界前辈，而非铁血政客。

火烧赵家楼事件发生前，徐世昌正在设宴招待刚刚回国的曹汝霖等人。学生游行的消息传来后，徐世昌仅仅是派遣警察总监吴炳湘和步兵统领李长泰前往劝解阻拦。直至学生们怒打章宗祥，火烧了曹家大院，徐世昌这才不得不派出军警逮捕了带头学生。

当日晚间，曹汝霖等人在军警护送下躲进东交民巷的六国饭店，章宗祥也被送往同仁医院。不久，日本驻华公使馆人员及大批亲日党

◎六国饭店旧址

羽赶到六国饭店商议对策。所有人一致将矛头对准了总统徐世昌，要求其为曹汝霖等人的遭遇负责。

5月5日，受千夫所指的曹汝霖率先向总统府递交了辞职书。徐世昌知道曹汝霖是段祺瑞一派的代表人物。此举乃是以退为进，其所属的皖系军阀一定在观望着政府的态度。百般思量之下，徐世昌选择了挽留曹汝霖。他在回函中“言辞恳切”，“总长从政多年，体国公诚，为本总统所深识……务以国事为重，照常供职，共济艰难，所请应毋庸议”。同时，徐世昌还煞费苦心地将曹汝霖的家人迁往北海团城居住，将章宗祥安置在静心斋养伤，并拨付两人经费各5万元，可谓是“仁至义尽”。

5月7日，京城总罢课活动愈演愈烈。在教育总长傅增湘等人的敦促下，徐世昌本着息事宁人的态度，释放了赵家楼事件中被捕的学生。

五四运动所掀起的风波越来越大，很快从局限于北京一隅的学生游行扩散至波及全国各地的全民示威，大有无法遏止之势。迫于形势，徐世昌不得不暂时收回学者的儒雅，采取了暴力镇压的强硬措施。他下令禁止学生的自由集会权力，加强了对舆论新闻的检查和控制力度。同时，他不满于步兵统领李长泰的怀柔态度，将仇视学生运动的武夫王怀庆推到了台前，担任镇压学生运动的先锋。对于巴黎和会的签约问题，徐世昌也一改之前踌躇不定的态度，敦促中国代表团即使失去山东半岛，也要迅速签字。一系列急风暴雨的政令出自这位文人总统的手中，颇令天下人惊讶无比。

6月3日至4日，王怀庆等反动军阀依据徐世昌的禁令，逮捕了近千名爱国学生，酿成了轰动全国的“六三”事件。上海的“三罢”斗争展开后，引发了天津、南京、武汉等地更大规模的声援活动。夹杂在军阀势力和民意之间的徐世昌无可奈何，下令撤销了曹、章、陆等人的职务，稍稍平复了国人的愤怒。随后，徐世昌上演了一出欲擒故纵的好戏——辞职。

徐世昌辞职的消息传出后，朝野震动。此时的国内形势一片混乱，谁也不愿意轻易接过这块烫手的山芋。北京政府参、议两院的议长亲手送还了徐世昌递交的辞职信，就连一向与总统唱对台戏的段祺瑞也亲自挽留徐世昌。

这出欲迎还拒的好戏唱得很是成功，徐世昌总算挣回了面子和主动权。既然已经打好了基础，接下来的事情就好办多了。取得了军阀支持的徐世昌，又一次拿出了民国大总统的气势。6 月 28 日，他在总统府接见了来自各地的群众代表，表明政府坚决不承认列强对山东问题的处理决定，指示中国代表团拒签合约。由此，“五四运动”的初衷已经得到实现，而徐世昌也避免了沦为民族罪人的下场。

1922 年，吴佩孚和曹锟之间爆发直奉大战。徐世昌被逼下野，结束了他 5 年的中华民国大总统生涯，同时也终结了他数十年的从政之路。徐世昌退隐天津之后，过起了琴棋书画的悠闲生活。隐居期间，他创作了数千首诗词，楹联近万副，且多为上佳之作。

抗日战争爆发后，徐世昌断然拒绝了日伪政府的拉拢和邀请，维护了国家利益和个人名节。

妥协的军警与强势的学生

民众在五四运动所表现出来的爱国激情前所未有，而运动中所引发的全民参与性也是中国历史上罕见的。可以说在这场运动中，不分东西南北，男女老幼，每个人都以极大的热情扮演着时代赋予自己的角色。这其中，甚至包括那些北京政府所掌握的军人和警察。

无论是保家卫国的军人，还是维持社会治安的警察，服从命令都是他们恪守的天职。“五四运动”中，游行示威的学生提出的反日主张，已经触动了北洋军阀的根本利益，所以镇压是必然的措施。而作

◎五四运动时期的军警

为实施镇压行动的主体，北洋军阀政府所管辖的军队和警察则首当其冲。

但是，军警毕竟不是单纯的暴力机器，他们也存在着自己的思想和主张。学生们的爱国激情和献身精神深深地触动着这些曾经一样满腔热血的军警。虽然他们不敢违背上司的如山军令，但是打着折扣执行命令还是可以的。于是，在五四运动期间，产生了一种奇特的现象，那就是军警的妥协和游行学生的强势对峙。

依常理推断，军警和“造反”学生是对立的。然而历史上的 1919 年 5 月 4 日那一天，并没有血流成河的记载。反而在一些参与者的回忆中，可以看到军警对于学生运动的同情和纵容。

天安门集会开始后，步兵统领李长泰曾经率领军警出现在现场，试图阻止学生的示威活动。李长泰奉总统府指令而来，他走近集会的学生，低声劝说大家解散回校，不要闹事。

学生们簇拥至李长泰周围，申明大家只是一心为国，今日之事无非是鼓舞天下人士气，让帝国主义知道中华民族之心未死，激励政府早日做出决断。

李长泰听到学生们的解释后，以一种长辈教训后生的口吻说：“你们有爱国心，我们做官的就没有吗？要是想见总统，我可以带着你

◎李长泰

◎吴炳湘

们去，这么胡闹怎么成呢？”

当然，学生们也并没有表现出激愤，反而温言劝说：“我们不过是想到公使馆表达出学生爱国的意思，再说大家赤手空拳，哪能做出野蛮的事呢，老前辈您放心吧！”

李长泰拿着学生散发的传单仔细地看了一会，说道：“这样的话你们就随意走吧，务必小心谨慎，要是引起不必要的国际纠纷就麻烦了。”说完，这位统领竟然转身回去了。

从这段对话中不难看出学生和这位统领之间的关系还算融洽。学生对于李长泰的称呼既不是“长官”也不是“老爷”，而是亲切地称之为“老前辈”，这真是耐人寻味。

5 月 4 日当天，军警方面的另一位代表人物是京师警察总监吴炳湘。在一些目击者的回忆中，吴炳湘也并非穷凶极恶之辈。他来到集会现场时，劝说学生的理由很有意思。他说：“快中午了，天气越来越热了，大家还是回宿舍睡午觉去吧。”而学生们的回答更加富有调侃的意味：“大人年事已高，也得注意保养身体啊！”吴炳湘与学生客套了几句，便放心地打道回府了。

作为当事人之一，文学家王统照先生在《回忆北京学生五四爱国运动》一文中记述：

> 在大队左右，纵长约计隔开十来个人的距离，就有穿了黑灰军服的军警持枪随行。他们在路上并没横冲游行的大队，对大家的高喊口号明知不能禁止倒也没怎么干涉。他们在以

前未曾见过有这许多学生的列队游行，更没听见过这些口号，这种情形在他们的印象和感觉上当然是新鲜而强烈的。虽是受了军阀们的命令与学生们采取敌对态度并且可以随时拘捕，但这样充满热情，汗泪融合的共同表现使他们也有多少感染。有的并不怎么紧张，只是拖了枪支，像漫无目的地随众前行；有的却十分注意听着学生们喊叫的口号，若有所思，不顾擦抹脸上的汗滴。同时，也有些学生边走边谈，向他们宣讲爱国的道理和为什么举行这一次的游行。

可见，当时学生与军警之间的关系并没有紧张到剑拔弩张的地步，而是处于通情达理、互相理解的状态。

即使在火烧赵家楼的过程中，警察也并未与学生发生过多冲突。据毕业于北大中文系且参与过五四运动的杨亮功先生回忆，当时奉命来保护曹家大宅的警察头目曾对曹汝霖说："上头命令文明对待学生"。既然长官有命，军警们自然不愿意阻止这些一腔热血的学生。

国际著名红学家和历史学家周策纵先生在《五四运动史》中提到：

在骚乱过程中，警察和学生也在院子里发生了一些冲突。但是警察在那种情况下的态度是很温和的。他们中的一些人实际上是持一种'宽容中立'的态度，只是在接到上司几次紧急命令后才被迫进行干涉。而当维护秩序时却不维护，警察没去积极阻止暴力事件的发生，这即使在当时也是一个引人注意的话题。

无独有偶。在五四运动的风波扩散至各地的过程中，这种军警的"非暴力不合作"态度也在频繁上演着。据1919年5月18日的上海《时报》记载，当时吉林的国民大会因宪兵和警察的干涉没能开成，各社会团体无不义愤填膺，并于5月12日凌晨再次召开数千人大会。警察厅派遣几十名宪警前往破坏会议。当会议进行到高潮阶段时，现场警察中亦有人随群众高呼口号，同声表示愿意参与爱国游行。

同样，1919年6月10日，当济南开始发起罢市运动后，政府当局命令地方警察局配合军队督查街市，勒令商户开门营业。然而，当督查长官转身离去后，士兵们却对商家说："不用听他吓唬，大家抱成一团，都不开门营业，看他能怎么办?"

后来，看到军警的武装暴力行动收效甚微，并没有吓退参与罢市的商家，当局又下令采取怀柔的策略，即令军警分为十几人不等的小分队，在军官的带领下走街串户，劝说商人开市。这时，数百名学生环绕着军警队伍跪在地上放声痛哭，抽泣着哀求军警们放弃行动。带队的军官难以承受这样感人的场面，不由得掩面而泣，身后的士兵们也无不泪流满面、抽泣不止。同样是中国人，谁的心里没有过这样赤诚的爱国理想呢？于是，"军警遂停止劝说而去"。

山东第五师，是当时中国陆军部队中武器装备最精良的军队。1915年5月中旬，当巴黎和会上中国外交失败的消息传回后，该师上万名军人无不义愤填膺。他们背着长官派遣代表前往全国各地参加群众活动，申明爱国立场。5月20日的上海《新闻报》上刊载了这些忠诚士兵草拟的3条决议：

> "(一)通告全国同胞，以表示军人之热忱；(二)将来国家对外，无论如何，均抱铁血为目的；(三)全体上兵誓不用日货，遇有购日货者，随时劝阻。"

身为现职军人竟然发出这样的倡议，其后果必然是难以想象的。如果此事为军阀政府得知，定然是要被严惩甚至杀头的。然而，山东第五师军人义无反顾的爱国精神实在是令人敬佩。

这样看来，五四期间所出现的军警妥协与学生强势的现象并不奇怪。表面上，广大军警不可能冒着生命危险参与到爱国运动中来，但是在适当的条件下，他们内心的爱国热情也会展现出来。可以说，北洋军阀管辖下的军警，在其特定的社会环境下，以特殊的方式参加了五四爱国运动。

山东请愿风波

山东，古为齐鲁之地。这里有着悠久的历史和灿烂的文化，是中国文化的源头和中华民族重要的发祥地之一。由于出生于此的先贤孔子及其儒家思想对中国文化思想的深远影响，山东又被称为“孔孟之乡”。

自古以来，山东人以其忠厚直爽、悍而不刁的性格名传于世。这里既走出过孔子、孟子这样的彬彬君子，也出现过黄巢、李逵那样起于乱世的悍将。齐鲁大地的一方水土给予了山东人伟岸的体魄；北国风光的天高地阔赋予了山东人血液中奔腾不息的原始野性。叛逆的因素深藏于山东人勇于抗争和敢于拼搏的精神之中，历朝历代的农民起义都不乏山东人的身影。

五四运动的直接导火索是山东问题，而发起运动的斗争目标是争回山东主权。早在 1919 年 5 月 4 日，北京爆发群众性的爱国运动之前，山东民众就已经展开了各种各样的爱国斗争。尤其是 1919 年 4 月 20 日，山东各界民众召开的山东国民请愿大会，不仅在北洋军阀政府内引起了震动，而且推动了全国各地的反帝爱国斗争，成为五四运动的先导。

自从 1898 年被德国强行租借后，生活在齐鲁大地上的民众饱受侵略者的践踏和蹂躏，无不翘首企盼将这些强盗赶出中国大地。随着巴

黎和会中国外交失败的消息传来，山东人民不禁痛哭失声，激愤异常。

1919 年 3 月下旬，山东省议会、教育会、商会等团体联名致电出席和会的中国专使。电文言辞恳切地劝告中国专使要尽最大的努力维护民族利益，国家的生死存亡完全寄托于专使的身上，并表示“我等一息尚存，死不承认”。随后不久，山东各界推举前省议会议长孔祥柯、许宗祥为代表前往法国，直接向中国专使和巴黎和会发起呼吁和请愿。山东省也是全国唯一直接向巴黎派遣代表请愿的省份。

4 月 11 日，卖国贼章宗祥由日本匆匆回国，试图谋取前往巴黎参加和会的机会，以便达成有利于日本的协议。此时北京政府的大权完全把握在亲日派系的军阀手中，因此竟然下令中国代表不要违逆日方意见，采取妥协让步的态度。

消息传来，山东人民悲愤交加，议定于 4 月 20 日举行国民请愿大会，誓死争回主权，绝不能让这片土地再次沦入强盗之手。

4 月 20 日这一天，古城济南上空阴云密布。偌大的城市被肃穆的气氛包围着，完全失去了往日的喧嚣。学校中没有朗朗的读书声，教室里没有学生的身影；工厂内听不到机器震耳欲聋的轰鸣，车间内找不到一个工人；大街小巷的叫卖声好像湮没在了时空里，只有商户门前的国旗和写着爱国口号的旗子摇曳在清晨的微风中。

◎五四运动时的宣传画

忽然，长长的街道尽头出现了一幅幅白色的旗帜，上面的标语鲜红而醒目：“不得青岛，誓死不休”、“山东主权，誓死力争”、“驱除倭寇、还我河山”等等。

无数的群众汇集至济南城的演武厅。来自工、学、商、教、政各界的 10 多万人陆续走到了一起，场面极其壮大，这是山东历史上从未有过的盛会。

大会开始后，各界代表纷纷上台慷慨陈词，痛诉帝国主义列强的巧取豪夺与国民政府的软弱无能。台下 10 多万群众深感切肤之痛，无不悲愤抽泣。一名与会代表在演讲时，向群众展示了济南某校一位十几岁学生的血书“力争主权”，掀起了会场气氛的高潮。

大会群众推举了商界、农会、新闻界、教育界等十几名代表前往公署，要求与省政府负责人面谈，转达民众意愿。时任山东省长的沈铭昌见民愤难平，不得已完全接受了大会代表的要求。

山东国民请愿大会历时一天，散会后又进行了大规模的游行示威活动。经过参会人员全体决议，大会以“十万三千鲁人”的名义向驻巴黎和会的中国代表团发出了通电，电文如下：

> “巴黎和议陆、顾、王三专使鉴：青岛及山东路矿，日人实无继承之权，所有理由，已由各界人民先后电达，无烦转述。现闻我国军阀及二三奸人，阴谋卖国，示意退让，东人闻之，异常激愤。本月（4 月）20 日，在省城开国民大会集众 10 余万，佥为此说若行，是陷山东于没世不复之惨。若辈包藏祸心，多方掣肘，丧心病狂，万众同仇。东人死丧无日，急何能择？誓死力争，义不反顾。”

北京军阀政府得知山东请愿大会的消息后，不由被群众斗争的威力所震慑。亲日派系的卖国行动也不得不略为收敛。北京政府复电山

东省长沈铭昌，要求其务必好言安抚民众。同时，还将山东爆发群众大会的事件通报给巴黎的中国代表团，大意是要求参会专使万不能轻易承认列强关于山东问题的决议，否则国内群情激昂，势必引发更大的纷争。

各地报纸也纷纷对这次大会进行了宣传，高度评价了山东人民的爱国激情。正如当时报纸所说："纷争之事因齐鲁之地而起，所以山东民众非常感激全国人民的奋起支援。听闻各地皆有爱国人士因此入狱的事件发生，那么我们山东人再不登高一呼的话，还有什么脸面做人呢?"

综上所述，山东人民的爱国斗争是走在北京学生的五四爱国运动前面的。它是五四爱国运动的前奏，对北京乃至全国各地此起彼伏的群众斗争，都是具有启发意义。

1919 年 5 月 4 日北京学生吹响了爱国运动的号角后，山东民众以更大的激情参与到这场划时代的民族抗争大潮中。期间，涌现出许多优秀的进步学生，如王尽美、邓恩铭。五四运动后的斗争洗礼，使王尽美等人成长为坚定的马克思主义者，并作为山东省代表参加了中国共产党的第一次全国代表大会。

◎王尽美　◎邓恩铭

拒签合约运动

声势浩大的五四爱国运动延迟了军阀政府媚外卖国的步伐，愈演愈烈的工人运动让反动势力心生忌惮。

上海是东南地区最大的商业中心，全国的商界“无不视上海为转移”。上海地区“三罢斗争”的开展，极大地鼓舞了全国工人运动的士气，各地工人无不人心浮动，伺机奋起抗争。

据1919年6月的《申报》报道，当时北京总商会在给北京政府的呈文中，提到北京地区的情况时说：“水能载舟，亦能覆舟，民气之奋兴，诚未可遏塞而致使溃决。侧闻罢学罢市，各省已有逐渐响应之虑，京师彼此激刺，亦暗有浮动情形。”

这并不是危言耸听。当时，北京近郊的长辛店铁路工人已经组织过数次游行，学生团体也跃跃欲试，准备再次发起请愿活动以响应国内形势。北京的罢学、罢工、罢市风潮一触即发。

万般无奈的北京政府只好下令裁撤国贼。1919年6月10日上午，军阀政府宣布了撤免曹汝霖职务的通告。但是，这种打折扣的处理方法再次激起众怒。北京各校学生收拾好卧具，准备再次谒见总统发起责问。消息传出，草木皆兵的北京政府赶紧于午后和傍晚补发了两条通告，分别撤销了章宗祥和陆宗舆的职务。至此，三名卖国贼全部被罢黜，发起五四运动的直接目的终于实现其一。顿时，举国欢腾，各地都举行了盛大的欢庆集会，民众纷纷以各种各样的形式庆祝这来之不易的胜利。

在卖国贼陆宗舆的家乡浙江海宁县，当地群众决定效仿秦桧铁像的方法，为卖国贼刻像立碑，让他遗臭万年。知道消息的群众纷纷主动捐款，工匠们连夜打造了三座石碑，分别立于北门外、海塘镇和海塔下。在安放石碑当日，成千上万的民众从四面八方赶来，对着碑上所刻的“卖国贼陆宗舆”6个字唾弃不止。大人们也抓住机会教育孩子，做人要对得起天地良心，要爱国，千万莫像陆宗舆那样数典忘祖，丢尽了海宁人的脸。

在上海，各行各业举行了隆重的“开市”仪式。江苏省教育会及各商会主要负责人纷纷走上街头，庆祝国民的胜利。

在济南，商户里的店主都站在门面前，等待学生的游行队伍一到，便鼓掌欢呼，点燃鞭炮。同时，店主还招呼伙计撤去国旗和白条幅，开门营业。大街上“学界万岁”、“工界万岁”、“商界万岁”的口号声此起彼伏，好一副欢腾景象。

罢黜卖国贼的成功，很大程度上取决于“三罢”斗争的胜利。在这次运动中，胜利的意义远远不止驱赶了几名亲日分子那么简单。先进的知识分子从胜利中看到了广大劳工的“神圣”，觉醒的工人阶级从胜利中看到了自身蕴藏的庞大力量。这是一次破天荒的尝试，原来每个国民都有参与政事的权利和义务。中国人民由此真正的觉醒了。

不过，山东问题仍然悬而未决。曹、章、陆三人被罢免，不过是

◎上海总工会罢工时的情景

◎北京各界总示威支援上海"三罢"斗争

反动势力的权宜之计。在宣布罢免通告的前后，徐世昌和段祺瑞都曾亲至北海团城，对三人及其家眷百般抚慰。

距离巴黎和会签约的时间越来越近，恐惧和期待交织着出现在每个有良知的国民心中。也许预先知道一个悲剧的结局并不痛苦，真正的痛苦在于明明知道结局是悲剧却无法改变。

经过了"三罢"斗争的初期胜利，民众仍然把希望寄托于北京政府。殊不知，掌控政府权力的军阀却早已经把国家的命运寄托于帝国主义列强。这是何其的可笑，又何其可悲的行为！

在签字与不签字的简单选择上，北京政府表现得犹如哈姆雷特的经典台词一般："生存还是毁灭，这是一个难题"。军阀们百般权衡，试图在列强的逼迫和国内民众的抗争中寻找到一条"两全"之策。

五四以来民众所爆发的翻天覆地的力量，并没有在北京政府抉择的天平上占据优势。他们最后考虑的结果，竟然是认为签字比不签字好。军阀认为，如果中方拒绝签字，在情理上对不起英美等国家进行调停的一番苦心。更为严重的是，恐怕在拒绝签字后，中国政府就会被隔绝于国际联盟之外，很难再取得列强的支持。

其实，这些所谓的理由，无外乎是就是北洋军阀想拿山东半岛送礼，讨帝国主义一个欢心。哀莫大于心死，辱莫大于不知耻。有国如此，民复何哀？

1919 年 6 月 17 日，北京政府电令出席巴黎和会的中国专使，一切按帝国主义的意旨，在合约上签字。

电文内容泄露后，全国民众再一次被军阀政府的无耻行径所激怒，掀起了新一轮拒签合约的群众爱国运动。

合约的签订与否直接关系到山东的生死存亡，因此山东人民又一次充当了拒签运动的急先锋。北京政府发出敦促签约电文的第二天，也就是6月18日，山东各界已经组成了请愿团，日夜兼程赶往北京。

出发当日，济南上千名学生和各界民众纷纷赶至火车站，为请愿团送行。80多名请愿团代表环顾殷殷期盼的父老乡亲，庄严立誓称："不达目的终不返籍，倘政府仍是敷衍，则农人亦将罢耕，以表一致。"语气慷慨悲壮，大有"风萧萧兮易水寒，壮士一去兮不复还"的意味。送行学生和群众相顾感佩，不由得在站台上跪倒一片，为这些沧海横流中的民族英雄送行。

6月19日，山东请愿团代表抵达北京。这80多人组成的请愿团成员囊括了来自山东省议会、教育会、学生联合会及总商会等社会团体的代表。第二天中午时分，请愿团成员一齐来到新华门总统府发起请愿。大总统徐世昌不仅拒绝接见请愿代表，而且下令军警上前进行百般阻挠。

军阀统治者的避而不见更加激怒了满腔悲愤的代表们，他们站在新华门外发出了血泪交织的呼号："山东之存亡，即吾辈之生死关头，今日如不得见总统要求以相当之保证，则誓死于此，亦不归寓。"

据《国民公报》的描述，当时各代表因为无法面见总统，完成家乡父老的重托，想到生养自己的一方水土即将永远沦入日寇之手，不由得悲从心生，跪倒在新华门外放声大哭。适逢天降大雨，代表们依然跪于水污泥沼之中，哭声不止。闻者无不伤心落泪，感佩非常。

在这种情况下，山东请愿团的代表们在风雨中坚持了数个小时。直至接近傍晚时，北京政府才被迫答应接受请愿团的"谒见"要求，但日期必须由政府安排。此时，代表们浑身湿透，饥寒交加，在围观群众的搀扶下才勉强站起身来，擦着眼泪一步一叹息地走回了驻地。

6月23日，山东请愿团推举了6名代表面见“千呼万唤始出来”的徐世昌。代表们向徐世昌提出了三项条件：其一，拒绝合约签字；其二，废除高徐（高密至徐州）、顺济（顺德至济南）铁路草约；其三，惩办国贼。他们详尽地描述了日本侵略者在山东的罪行，以及齐鲁民众的悲惨遭遇。最后，代表们声泪俱下地告诉徐世昌：“启程之初，我东民父老昆季（指兄弟）姊妹环跪于车站，泣不成声，嘱代表等，请求不遂，不得生还。”

面对山东人民的血泪控诉，徐世昌拿出了一名政客的狡猾和冷血。他言辞闪烁，避开实质问题，做了一番似有还无的表态，暂时安抚了情绪激动的请愿代表们。当晚，在政府发往巴黎的电文中，徐世昌给中国代表下达了“相机办理”的命令。可见，请愿团的陈诉在一定程度上动摇了军阀政府签约的决心。

当然，山东人民的抗争不是孤立的，北京和各地的民众再一次行动起来，在北京举行了联合请愿活动。

6月27日，北京学生联合会代表请愿团、留日学生代表、陕西学生联合会代表及京师总商会代表等数百人，前往新华门再次提出请见总统的要求。在经历了两天一夜的苦苦等待后，徐世昌才被迫接见了10位联合请愿代表。

徐世昌还是老一套，避而不答代表们提出的问题，反而东拉西扯地训起话来：“你们这些年轻人就是太毛躁。有什么事不能好好商量着解决呢，非要闹出这么大的动静来，这是要出乱子的……”

这些连篇废话不是代表们要听的。陕西学生代表屈武毫不客气地打断了这位总统的“金玉良言”，悲愤交加地喊道：“现在整个民族都要被灭亡了，你还在这唠唠叨叨地说这些废话有什么用。政府要是再不能有所作为的话，我们只好以死相争。”说完，他忍不住垂首痛哭，情绪激动之时以头碰地，砰砰作响，鲜血顺着额头流了下来。怀仁堂内一片忙乱，徐世昌这位“文治总统”吓得落荒而逃。

当山东、北京各界代表联合行动的时候，上海民众也积极参与其中，再一次以更大的气势行动起来。

6 月 21 日，全国学生联合会与上海社会各界团体召开联合会议，一致表示反对合约签字。在这次拒签行动中，上海各界所表现出的斗争性和坚决性十分突出。其发表的对外宣言尖锐犀利，直指当局的卖国本质："当局者为日人所胁诱，不惜与民意宣战，悍然主张签字。是北京之当局非代表民意之机关，乃代表日本侵略我土地、攫取我国权之事务所也。"

随后，上海各团体还向巴黎和会的中国代表拍发电报，电文不乏警告的意味："如果各位代表违背了民意，没有全力争夺山东半岛的国家主权，而向列强妥协签字，那么到时就别怪国人将你们当成曹、章、陆那样的卖国贼来对待。"

除了山东、北京、上海外，全国各地都开展了各种形式的拒签合约斗争。据 1919 年 7 月 6 日的《每周评论》统计，当时在巴黎的中国代表曾收到 7000 多封社会各界拍发的电报，一致要求拒签合约。

法国巴黎，中国代表团驻地吕特蒂旅馆。

早在 5 月份的时候，驻地就已经被中国留法工人和学生团团包围了。此时的中国代表团内部也出现了分歧。顾维钧、施肇基和王正廷坚持拒绝签字，理由很简单。多年来日本狼子野心，一直对中国虎视眈眈。如果山东沦入倭寇之手，则有利于日本蚕食鲸吞，我国家必将后患无穷，中华民族危矣。

持反对意见的是驻意公使王广圻、驻法公使胡惟德，两人力主忍辱签约。他们认为拒签会激怒列强，从而使中国政府无法得到帝国主义的援助。王、胡二人甚至"大义凛然"地表示说，如果签字有利于国家，那么个人的荣辱得失只有置之度外了。

由于国内局势纷乱复杂，北京政府有关签约事宜的电令也是朝令夕改。一会严令签字，一会又说民情激愤慎重考虑。直至 6 月 24 日，电文上竟然写着：签字一事，请代表团及陆总长“自行斟酌”。

首席代表陆徵祥哭笑不得，如此国家大事怎可能由他“自行斟酌”。签了，他是卖国贼；不签，势必获罪于政府。久经官场的陆徵祥在无可奈何之下，只好装病躺进医院，将难题推给了代表团其他成员。

国内拒签的电文如雪片一般飞往巴黎，其中不乏各省的督军和省长亲自拍发的电报。甚至连直系军阀吴佩孚也表示坚决反对签约，赢得了“爱国将军”的称号。中国代表团已经被推到了风口浪尖，在签与不签的决策点上左右徘徊。

陆徵祥住院后，顾维钧这位年轻的外交家成为了中国代表团的实际决策人物。年轻的他同样有着一颗激情澎湃的爱国之心。巴黎和会期间，他亲眼见到了中国因力单势薄而受到的歧视。顾维钧心里明白，如果中国政府签了这张丧权辱国的和约，那么国家将再无外交可言。6月27日发生的一件事，更加坚定了他拒不签字的决心。

◎顾维钧

这天是签约日的前夜。顾维钧刚刚结束和法国公使不愉快的谈话，心情沉重地前往医院，准备与陆徵祥商议最后的决定。忽然，代表团的岳秘书长惊慌失措地跑进了病房，满面惊恐。原来，他在前往医院的路上被数百名留学生团团围住。激动的学生们推推搡搡地质问他为什么赞成签约。一位女学生甚至从风衣口袋里掏出了一把手枪，直接抵着这位秘书长的脑袋警告说：“如甘当卖国贼，打死勿论！”

与此同时，几位在法国的山东华工因为没能找到陆徵祥，便在代表团驻地留下了一封警告信和一把装满子弹的手枪。警告信上写着这样几句话：“陆徵祥，你不愧是卖国专家。明天你要是敢签字卖了俺们山东老家，俺们兄弟发誓让你回不了中国！”

终于到了6月28日。这一天是巴黎和会那份所谓的《对德和约》正式签字的日子。天刚刚放亮的时候，数万名华侨、华工、留学生就已经包围了吕特蒂旅馆，阻止代表团出席签约仪式。

据《时事新报》记载，爱国人士列出了一份长长的名单，每一个中国代表团成员的命都由3个人去抵偿。不管出门签约的代表是被谁打死的，都按照名单去偿命，决不反悔。

这是多么可敬的民众，这是多么凝聚的民族力量。为了山东，为了中国，他们不惜用热血和生命去换取那份珍贵的尊严。

中国代表团最终没有出现在巴黎和会签约的会场上，签约仪式自然不了了之。

中国拒签《对德和约》的事实震惊了巴黎和会，也换来了世界的另眼相看。这是半个世纪来中国第一次对列强的无理要求说“不”，也是中国民众抗击强权政治的首次尝试。正义胜利了，人民胜利了，“五四运动”胜利了。

普通人的五四生活

五四运动是一次广泛的群众性革命运动，它的参与者不仅仅是学生和工人，还包括社会各阶层的人群。五四运动中，民众所表现出来的爱国激情是前所未有的。可以说，不论是男女老少还是三教九流，都在以自己的方式加入其中。

在中国几千年的历史上，农民阶级一直是逆来顺受的庞大群体。他们大多没受过任何教育，在一定程度上对于国家或民族的兴衰存亡是漠视的。然而，在五四运动期间，广大的农民却成为了中国反帝反封建的主力军之一，为民主主义革命做出了不可磨灭的贡献。

1919年5月4日，当北京爱国学生被捕的消息传出后，山东、江西、河南、湖南、江苏等省的农会组织，纷纷向北京政府发出电文，要求释放爱国学生，争夺山东主权。

5月11日，为躲避反动当局的阻挠，吉林省农会团体秘密在深夜召开会议，有数千名农民参与其中。会后，农民手举写有“还我青岛”字样的小旗展开了声势浩大的爱国游行。

5月24日，山东省地方农会准备在法庆寺召开国民大会。在大会召开前一日，组织者曾收到反动政府的警告信，威胁说如不取消会议，即通知附近日本驻军前来破坏。农会群众十分气愤。身为地方政府，不为民解忧不说，反而阻止正义的爱国行动，助纣为虐，这是何其的无耻！第二天，上万名农民不惧生死，从四面八方赶到法庆寺，纷纷在大会上慷慨陈词。农会副会长石仁生在大会上代表广大农民，向北京政府发出电文：“据理力争，万毋签字，……倘有决裂，公民等誓死捐躯，为国后援。”

6月3日，北京政府在实行戒严令后，抓捕了大批学生，激起了全国民众的愤怒。上海市民在开始“三罢”斗争后，近郊的农民也积极参与进来。他们团结起来，不向城里出售蔬菜和农副产品，致使上海蔬菜奇缺。菜农们言称，政府不释放学生、不惩办国贼、不挽回外交失利，决不售菜。

许多地方的农民听了学生的爱国宣传，发誓不再购买和使用日货。有的农民将家中的洋火柴全部烧掉，表示抵制日货的决心。

五四时期，很多爱国商人也积极参与到爱国运动中来。他们配合学生罢课、工人罢工，相应地展开了罢市行动，极大地推动了运动的发展。这里所提到的商人，主要是指民族资本家。在半殖民地半封建社会的中国，资产阶级大致分为买办资产阶级和民族资产阶级两类。在反侵略、争主权的爱国运动中，只有少数买办资本家站在了反动当局的立场上，与人民为敌。而大部分的民族资产阶级，则积极地进行

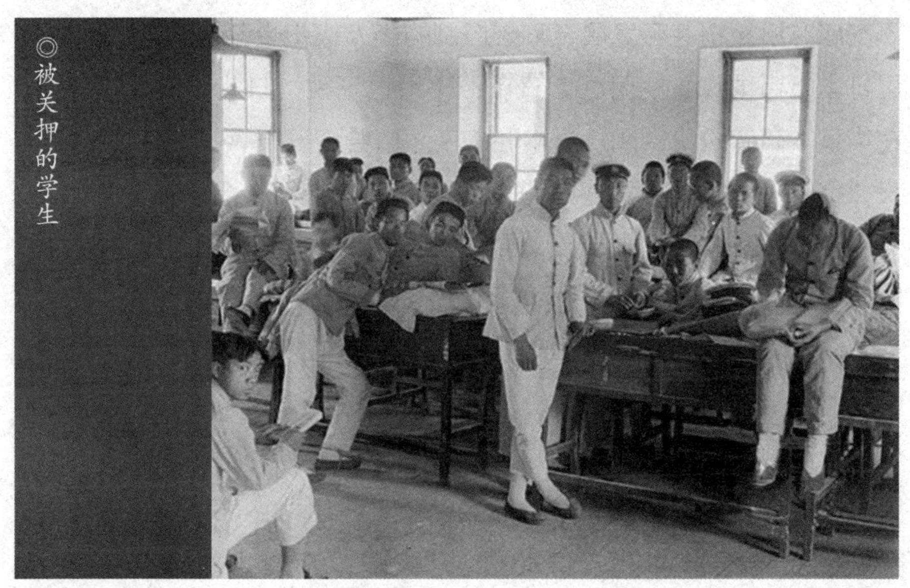
◎被关押的学生

抵制日货和罢市行动，并参与其他的一些爱国活动。

有人回忆说，曾在理发店门口看见这样的对联，上联是“国事如此”，下联是“无心整容”，横批写着“诸君不必光顾”。

北京政府“六三”逮捕爱国学生事件发生后，全国各地商会联合各团体或单独用集会、演讲等形式，来声援学生遭受当局迫害，反对日本帝国主义罪行的斗争。6 月 27 日，京师总商会代表和山东请愿团等共近千人，夜以继日地守在新华门外向总统府发起请愿抗争。

抵制日货，是五四运动中最平常的活动。一般来说，商人往往视利益为生命。但是，为了救亡图存，爱国商人不惜承受经济上的损失。1920 年的上海《新闻报》曾刊载商人刘运生说的一句话，“商人应该把救国救民当成责任，而不是只注重利益”。

据《大公报》记载，五四时期山东商界曾做出约定，青岛商家务必在一周内断绝与日本商人的往来关系，所有钱庄及货站不得使用日本货币，并安排有专门人员进行巡查监督。一旦发现有钱庄继续使用日币，则严惩不贷：收存日币 1 元，则罚大洋 100 元，依次叠加，概不宽恕。后来，甚至发展至日资控制的华人钱庄也参与进来，拒绝使用日本货币结算。一时间，日币汇率大幅下跌，日货进口几近停滞，在华日本商店纷纷倒闭。日本驻济南领事曾经发出哀叹，评论抵制日货“足以毁坏敝国人民之生活，动摇帝国之基础”。

当时，一些处于社会最底层的，像乞丐、小偷、风尘女子等这些所谓“下九流”的人士，他们都以自己的形式参与到爱国斗争中来。

在济南进行“三罢”斗争的时候，最辛苦的是那些夜以继日宣传呼吁的学生们。社会各界纷纷准备了许多瓜果点心送往学校，慰劳学生。济南城的乞丐将学生们的辛苦看在眼中，异常感佩。他们没有钱买高级的蛋糕点心，便召集数百名乞丐，将乞讨得来的钱凑在一起，买了好几担烧饼和油条，送往学校。

学生们知道乞丐生活不易，哪能忍心收下他们东西呢！乞丐代表大声说道：“我们虽然是乞丐，但也是炎黄子孙。国家要是灭亡了，别说我们会被饿死，到时恐怕连葬身的地方都没有了。但凡有一点血性和良心，我们就得感谢诸位的辛苦。这些东西虽然不算什么，却是我们一番心意。如果各位不嫌弃的话，就请赏脸吧！”

学生们不由肃然起敬，郑重接受了这份“珍贵”的礼物。乞丐们完成了任务，欢呼着回去了。

一向被称为“商女不知亡国恨”的青楼女子，也在五四运动中参与爱国活动。例如上海名妓鉴冰、金书玉、妙莲等人，于 1919 年 6 月 10 日组织了“青楼救国团”。她们拿出积蓄，印发了数千张宣传爱国运动的传单。

这些饱受世人白眼的风尘女子，在大街上设立了学生饮茶休息处，支持学生的爱国游行和宣传活动。她们在休息处的门上写着：“山东半岛为日贼所占据，全国上下一致进行罢歇斗争。我们恬为国人，不忍看学生为国奔波不止，所以准备了茶水饮食为学生们充饥解渴。这样做是因为我们身为中国人的良心尚存，并非沽名钓誉。青楼界泣首。”

◎五四运动时期参加游行的女界代表

旧社会时期的上海，小偷、扒手等都属于“青洪帮”的管辖之内。当上海的罢学、罢工、罢市斗争开始后，“青洪帮”的首领很快召集起下属召开堂会。首领在会上下令，既然都是中国人，那么就应该同心协力。不论上海的罢市进行多少天，所有的小偷小摸行为必须停止，以免妨碍国人救国行动，被外国人所耻笑。在此期间的所有吃穿用度，都有首领负责发放。如果有私自偷窃违反命令者，必依照帮规严惩不贷。

五四运动的大潮，以翻江倒海之势，冲溃了中国千年思想禁锢的大堤，让越来越多的民众走出迷雾，摆脱困惑。它在人们衣食住行、言谈举止方面所带来的影响真正改变了当时每个普通人，开启了一个新的时代。

新、旧文化的碰撞

五四运动，不仅是一次真正意义上的群众爱国运动，更是一次文化领域的大革命。在五四运动中，反对传统思想文化的人士，推行新文化运动，提出“打倒孔家店”、“推倒贞节牌坊”等口号，进一步促进了反封建思想的发展，与尊重中华文化的复古思潮形成针锋相对的局面。

在这场彻底清算封建文化的思想革命中，革命的锋芒必然指向作为传统道德和迂腐思想的载体，也就是旧文学及文言文。

自从 1917 年以后，北京大学逐渐成为新文化运动的中心。以陈独秀、胡适等人为代表人物的新派领袖，在校长蔡元培的信任和支持下，大力提倡白话文和新文学，反对旧礼教和旧道德。虽然起到了引领新时代风气的作用，受到了广大青年学生和有识之士的欢迎，响应者极多，却也遭到辜鸿铭、刘师培等北大旧派人物的抵制，并引起一些对西方近代文化感到失望、对儒家传统仍深怀依恋的新派人士的反思。

1917 年 2 月，胡适在《新青年》杂志上发表了一首《蝴蝶》。据说它是我国第一首白话诗，其诗为：“两个黄蝴蝶，双双飞上天。不知为什么，一个忽飞还。剩下那一个，孤单怪可怜。也无心上天，天上太孤单。”这首诗意象清新，诗意浅露，在古诗、今诗的交界处是一次大胆的尝试。所以，后来胡适干脆把他的白话新诗集命名为《尝试集》，打响了中国白话文运动的“文化解放第一枪”。

随后不久，陈独秀在《新青年》上发表措辞强烈的《文学革命论》，从形式到内容对封建旧文学吹响了战斗的号角。

李大钊、胡适、刘半农、钱玄同等人都是提倡白话文的代表人物。李大钊曾经创作了一首白话短诗《山中即景》：“是自然的美，是美的自然。绝无人迹处，空山响清泉。云在青山外，人在白云内。云飞人

◎新文化运动代表　左起：陈独秀、李大钊、胡适、鲁迅

自还，尚有青山在。”他用明快简洁的语言描绘了家乡的美丽景色，确有一股新诗的清丽与自然之气扑面而来。

鲁迅所创作的《狂人日记》，可称得上是反封建思想和白话文内容结合的代表作品。《狂人日记》的发表，指明了文学革命的成果和前进方向，成为中国现代小说的伟大开端。

同新文化运动的发展轨迹一样，文学革命领域的革命也是在五四运动爆发后才发生了本质的变化。

林纾是中国近代文坛的开山鼻祖和翻译界的泰斗。在五四运动中，思想保守且深爱中国传统文学的林纾，从保守派逐渐发展为反对五四时期新文学运动的代表人物。

1919 年 3 月间，不满新文化运动的林纾在《公言报》上发表一篇名为《致蔡鹤卿太史书》的文章。蔡鹤卿，即时任北大校长的蔡元培。

林纾在文章中斥责蔡元培所保护下的新文化运动“覆孔孟，铲伦常”，“尽废古书，行用土语”，是“人头畜鸣”。文章一出，立时激怒了新文学派系的代表们。

随后，蔡元培写了封回敬函，即著名的《致〈公言报〉函并附答林琴南君函》。在这封回函中，蔡元培强调北大“循思想自由原则，取兼容并包主义”的主导思想，以维护新文化运动。回函中还举例提到张勋复辟事件发生后，引起了全国民众的反对。而在北大的教师中，还有人拖着长长的辫子宣扬复辟思想。但是因为这位老师传授的课程是英国文化，与思想和政治并无任何瓜葛，所以学校也任由存在，没有采取任何措施进行干涉。

了解内情的人一眼就可以看出，蔡元培所提到的“拖着辫子讲复辟”的教师，必定是辜鸿铭。

辜鸿铭是生在马来西亚的华侨。他学贯中西，号称“清末怪杰”，是清朝末年精通西洋科学、语言学兼东方儒学的中国第一人。20 世纪初，西方世界曾流传一句话：到中国可以不看紫禁城，不可不看辜鸿铭。

辜鸿铭曾翻译了中国“四书”中的三部——《论语》、《中庸》和《大学》，成就非凡；并著有《中国的牛津运动》（原名《清流传》）和《中国人的精神》（原名《春秋大义》）等英文书。他精通英文、德文、法文、拉丁文、希腊文等 9 国语言，获得过 13 个博士学位。

别看辜鸿铭为人狂放不羁，其实是在以狂放来保护强烈的自尊心。

◎旧派人物代表　左起：辜鸿铭、刘师培

他曾经倒读英文报纸嘲笑英国人没文化；他也曾凭三寸不烂之舌，向日本首相伊藤博文宣讲孔学；还与文学大师列夫·托尔斯泰有书信来往，讨论世界文化和政坛局势；更被印度圣雄甘地称为“最尊贵的中国人”。

作为一名东方文化的卫道者，辜鸿铭自然而然地站在了新文学运动的对立面上。他本人也毫不掩饰这一点。在北京大学任教时，他梳着小辫走进课堂。面对学生们的哄堂大笑，辜鸿铭平静地说：“我头上的辫子是有形的，你们心中的辫子却是无形的。”闻听此言，狂傲的北大学生一片静默，终于理解了这个一直很清高的老师。

1919 年 5 月初，北大学生领袖罗家伦向北大校方写了一封信，信的内容是请求罢免英国文学教师辜鸿铭。

罗家伦是北大学生中热衷新文化运动的代表。在 1918 年底至 1919 年初，罗家伦即与傅斯年等发起成立“新潮社”，并创办《新潮》杂志，一时意气风发，声名大著，成为当时文学革命论在青年学生中的大力弘扬者和白话诗文的突出实践者。既然有了这么多思想上的分歧，那么罗家伦对辜鸿铭及其英文课的反感情绪就不足为怪了。这封申请罢免辜鸿铭的信从此拉开了北大内部，新、旧两派斗争的序幕。

新旧文化派别的斗争主要集中在辜鸿铭和胡适之间展开。对于新文化运动代表人物之一的胡适，在五四之前，辜鸿铭也仅仅是在课堂上对其所提出的“文学革命论”加以批评。经过五四学生运动的种种酝酿和刺激后，两人之间终于展开了正面交锋。

1919 年 7 月 12 日，辜鸿铭应英国《密勒氏评论》报的邀请，对此前胡适在该报发表的“文学革命论”的相关文章，进行探讨批评。辜鸿铭为此撰写了《反对中国文学革命》一文，提出了自己反对新文学的主张。不久，辜鸿铭又于同年 8 月 16 日再次发表《归国留学生与文学革命——读写能力与教育》一文，加强了对“文学革命论”的批判力度。

辜鸿铭在这两篇以英文写就的文章中，指责胡适“以音乐般美妙的声音”谈论所谓“活文学”或“重估一切价值”，其实质不过是混淆视听、想蒙蔽大众的耳目罢了，即“套鸟的圈套”而已。辜鸿铭在文章中指出，中国的古文学可与莎士比亚的高雅英文不分高下，绝非“死文学”。况且，读书识字与接受教育也并非一回事，事实上恰恰相反。他嘲笑胡适以粗鄙的“留学生英语”鼓吹的所谓“活文学”，最终的结果只会导致大量“外表漂亮的道德上的矮子”出现。

随后，胡适开始了反击。他分别于1919年8月3日和8月27日，以“天风”署名，在《每周评论》上发表了题为《辜鸿铭》的“随感录”，对辜鸿铭展开攻击。

胡适在文章中说辜鸿铭善于“标新立异”，喜欢哗众取宠与潮流唱反调，并提到辜鸿铭年轻时曾经率先剪掉辫子，现在却又坚持留辫子，都只不过是“出风头”的心理在作怪。

巧的是，胡适在发表此“随感录”的当天，还曾在校园里碰见辜鸿铭。当时，辜鸿铭曾指出文章中一些不准确的说法，并当面加以纠正。最后，辜鸿铭还扬言胡适在报上“毁谤”了自己的名誉，要到法庭去控告他。但后来，此事却不了了之。

对于学生举行的爱国游行示威，辜鸿铭一直持反对态度。他曾经在日本人所办的英文报纸《北华正报》上发表文章，大骂学生运动，说游行的这帮学生是暴徒，是野蛮人。不过，很多北大学生依然非常尊敬这位学识渊博的老师。从罗家伦后来所著的《回忆辜鸿铭先生》一书中，始终称其为“辜鸿铭先生”，就足见一斑。

当年的争论都已经湮没在历史的长河中。孰对孰错，都已经不再重要。就是因为这些可敬的人的思想碰撞所迸发的火星，才引燃了中国现代文明之光。他们在迷雾中摸索前进，以杰出的作品、繁多的流派以及辉煌的成就，复兴了民族文化，展示了新文学革命时代的勃勃生机。

第四章

战斗在五四的文人们

五四时期是一个空前绝后的大时代，文化极其繁盛，大师辈出。当时的文人们不仅追求学术的进步，更热衷于社会的改造和民族的自强，并试图以不屈的文人风骨完成国人精神上的革新。这是“五四”那一代文人的群体选择。这些五四文人中，不少都沐浴过欧风美雨，饱受西方文明的滋润，同时对自己苦难的民族怀有深厚的感情。虽然，他们大部分走的是学术之路，但他们没有枯守书斋之内、两耳不闻窗外事，而是用瘦弱的肩膀挑起了民族的“道义”……

“总司令”陈独秀

五四运动的领袖是谁？是一位还是几位？长期以来，人们的认识并不一致。毛泽东在 1942 年和 1945 年先后两次指出，陈独秀是五四运动的总司令。

1879 年，陈独秀出生于安徽省怀宁市，即今天的安庆市。这里是一座历史悠久的文化古城。陈独秀 3 岁丧父，6 岁开始随祖父习读四书五经。他童年聪明伶俐，却讨厌八股文，贪恋玩耍，不肯用功读书。

◎陈独秀

据说，小时候的陈独秀是一个奇怪的孩子，无论挨了什么样的毒打，总是一声不哭，把严厉的祖父气得咬牙切齿几乎发狂。祖父不止一次愤怒而伤感地骂道："这个小东西将来长大成人，必定是一个杀人不眨眼的凶恶强盗，真是家门不幸！"祖父看人看得很准，这个孩子长大后果然成为20世纪中国的"盗火者普罗米修斯"。

辛亥革命后，革命果实为军阀势力所夺取，孙中山领导的旧民主主义革命已经走到了尽头。在一些别有用心之人的鼓吹下，国内掀起了一场来势汹汹的尊孔复古逆流，把中华大地搅和得乌烟瘴气。

刚刚从日本留学归来的陈独秀面对着此情此景，毅然决定另辟蹊径，发动一场荡涤灵魂的文化思想运动，唤醒国人救亡图存的意识。1915年9月15日，陈独秀创办了被称为"天下第一刊"的《新青年》杂志，并亲自撰写了发刊词《敬告青年》，决心将"德"、"赛"两位"先生"从西方带往中国，开启思想解放的先河。

1917年初，陈独秀应北京大学校长蔡元培之聘，任北京大学教授兼文科学长，住在箭杆胡同9号。《新青年》编辑部亦随之由沪迁京，驻地也在箭杆胡同9号，这里成了新文化运动中心。1918年12月，陈独秀与李大钊又创办了《每周评论》。《每周评论》很快成为新文化运动的重要阵地。陈独秀也当之无愧地成为新文化运动的旗手和主帅。

一大批进步青年都团结在陈独秀周围，积极参加新文化运动。一些革命青年甚至直接与陈独秀和《新青年》联系，争取支持，并仿效《新青年》在各地建社团、办刊物，形成一股庞大的全国新文化力量。其中，比较有名的是毛泽东在长沙组织"新民学会"，创办《湘江评论》；恽代英、林育南在武汉组织"新声社"，出版《新声》杂志等。

◎陈独秀在北京的故居——箭杆胡同9号

他们都以陈独秀为领袖，以《新青年》做向导。1919 年 3 月，恽代英等致函《新青年》说："我们素来的生活，是在混沌里面，自从看了《新青年》，渐渐地醒悟过来，是像在黑暗的地方见了曙光一样。"

五四运动爆发后，作为北大文科学长的陈独秀，不仅积极支持学生的爱国运动，并且身先士卒地参与其中，甚至一度遭遇牢狱之灾。

为了声援学生运动，在与李大钊的讨论之后，陈独秀亲自起草了著名的《北京市民宣言》，并由胡适翻译成英文。在一处专为北大印制讲义的小印刷所内，两位工人忙了整整一夜，终于翻印了数千份，并将原稿和油纸烧得干干净净，不落痕迹。

陈独秀、李大钊、高一涵等人分头行动，决定将这份宣言散发至北京的热闹场所，让更多的人参与到救亡图存的爱国运动中来。

1919 年 6 月 11 日晚，北京新世界游艺场。

这家游乐场是广东商人仿造上海"大世界"的风格建造的。四层高的小楼内设有剧场、影院、餐馆、曲艺等娱乐休闲场所。这里昼夜开放，客流如潮，生意异常火爆。

忽然，很多客人在自己面前桌子上发现了一张醒目的传单，标题是《北京市民宣言》。不少人好奇地读了起来：

中华民族乃酷爱和平之民族。今虽备受内外不可忍受之压迫，仍本斯旨，对于政府提出最后最低之要求如下：

(1) 对日外交，不抛弃山东省经济上之权力，并取消民国四年、七年两次密约。

(2) 免去徐树铮、曹汝霖、陆宗舆、章宗祥、段芝贵、王怀庆六人官职，并驱逐出京。

(3) 取消步军统领及警备司令两机关。

(4) 北京保安队该由市民组织。

(5) 市民须有绝对机会言论自由权。

我市民仍希望和平方法达此目的。倘政府不顾和平，不完全听从市民之希望，我等学生、商人、劳工、军人等，惟有直接行动，以图根本之改造。特此宣言，敬求内外士女谅解斯旨。(各处接到此宣言，希即复印传布)

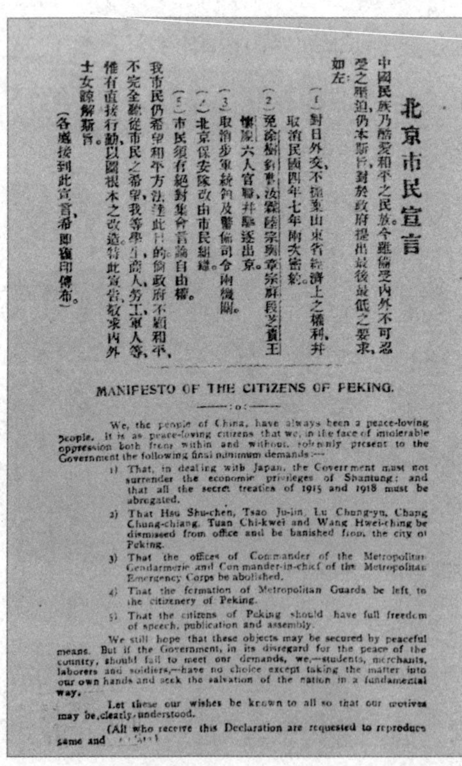

北京市民宣言

中國民族乃酷愛和平之民族。今雖備受內外不可忍受之壓迫，仍本斯旨，對於政府提出最後最低之要求，如左：

(1)對日外交，不拋棄山東省經濟上之權利，并取消民國四年七年兩次密約。

(2)免徐樹錚、曹汝霖、陸宗輿、章宗祥、段芝貴、王懷慶六人官職，并驅逐出京。

(3)取消步軍統領及警備司令兩機關。

(4)北京保安隊改由市民組織。

(5)市民須有絕對集會言論自由權。

我市民仍希望和平方法達此目的。倘政府不顧和平，不完全聽從市民之希望，我等學生、商人、勞工、軍人等，惟有直接行動，以圖根本之改造。特此宣言，敬求內外士女諒解斯旨。

(各處接到此宣言，希即復印傳布。)

MANIFESTO OF THE CITIZENS OF PEKING.

——:o:——

We, the people of China, have always been a peace-loving people. It is as peace-loving citizens that we, in the face of intolerable oppression both from within and without, solemnly present to the Government the following final minimum demands:—

1) That, in dealing with Japan, the Government must not surrender the economic privileges of Shantung; and that all the secret treaties of 1915 and 1918 must be abrogated.

2) That Hsu Shu-chen, Tsao Ju-lin, Lu Chung-yu, Chang Chung-chiang, Tuan Chi-kwei and Wang Hwei-ching be dismissed from office and be banished from the city of Peking.

3) That the offices of Commander of the Metropolitan Gendarmerie and Commander-in-chief of the Metropolitan Emergency Corps be abolished.

4) That the formation of Metropolitan Guards be left to the citizenery of Peking.

5) That the citizens of Peking should have full freedom of speech, publication and assembly.

We still hope that these objects may be secured by peaceful means. But if the Government, in its disregard for the peace of the country, should fail to meet our demands, we,—students, merchants, laborers and soldiers,—have no choice except taking the matter into our own hands and seek the salvation of the nation in a fundamental way.

Let these our wishes be known to all so that our motives may be clearly understood.

(All who receive this Declaration are requested to reproduce same and [illegible])

◎《北京市民宣言》

这篇《宣言》及时地为五四运动的深入发展指明了方向，

◎北京"新世界"游艺场外景。陈独秀在此楼上散发《北京市民宣言》时被军阀逮捕

引起了游客的大声喝彩。人们三五成群地聚集在一起，热烈地讨论起来。

陈独秀看到《宣言》受到欢迎，十分高兴，更加卖力地散发传单。殊不知，身穿西装、头戴文明帽的他早已经引起了便衣暗探的注意。

新世界的第三层是影剧院，聚集了很多客人。陈独秀见状，连忙和高一涵登上第四层的露天花园，伺机散发传单。

忽然，角落的阴影里窜出一名黑衣人，冲着陈独秀说："还有传单吗？"缺乏实际斗争经验的陈独秀不疑有他，痛快地从口袋里掏出一张递了过去。

黑衣人迅速地看了一眼，大喝一声："就是这个，抓住他！"顿时有数名暗探从各处冲了过来，七手八脚地将陈独秀抓住。

陈独秀这才意识到危险，奋力一扬手，剩余的传单飘飘洒洒地飞向了楼下。影剧院内顿时一片骚乱。

暗探们急忙将一件灰大褂蒙住陈独秀，押往楼下。陈独秀为了避免高一涵等人重蹈覆辙，故意大声喊道："众目睽睽之下，你们这些人竟然无故逮捕好人，还有公理嘛!”以此通知高一涵等人迅速撤离。

当晚12点，数百军警荷枪实弹包围了北池子箭杆胡同 9 号。军警们破门而入，陈独秀的家属从睡梦中惊醒，这才知道其被捕的事。随后，军警从陈家搜出《北京市民宣言》传单数百张，以及杂志、稿件、信札数十件。

后来，高一涵总结此事，说当时他们实在缺乏秘密斗争的经验。6月10日在中央公园散发传单时已经引起当局注意，因而早部署好了军警、便衣、密探。当白帽西装、风度翩翩的陈独秀来到新世界时，因其“上下楼甚频，且其衣服兜中膨满”，早已引起了密探们的注意。

不幸中的大幸是，当时京师警察厅和京师卫戍司令部都派了密探前来。因警察厅人多，争夺中，陈独秀落到了他们手里并立即被汽车押到了警察厅。如若不然，陈独秀就难保不遭身为京师卫戍司令的段芝贵的毒手。

6月13日，北京《晨报》率先披露陈独秀被捕消息，各地报纸相继展开报道，顿时在全国引起了轩然大波。社会各界纷纷对北京政府发出谴责，四处活动以营救陈独秀出狱。

6月15日，北京中等以上学校联合会率先发函至京师警察厅总监吴炳湘处，请予保释陈独秀。

孙中山很关心陈独秀被捕一事。他在上海约见徐世昌的代表许世英，说：“你们逮捕了陈独秀，他做了好事，国人足以相信他。你们不敢把他杀死，死了一个，就会增加五十个、一百个，你们尽管做吧!”许世英连忙说：“不该，不该，我就打电报回去。”

桐城派的古文家马通伯、姚永朴、姚永概等人联合安徽省长吕调云，也拍发电文给吴炳湘：“怀宁陈独秀好发狂言，书生结习。然其人好学深思，务乞俯念乡里后进，保全省释。”

社会各界的声援和营救，给北洋政府当局造成了巨大压力。最终，当局不得不释放了陈独秀。就这样，在度过了98天的铁窗生活之后，陈独秀出狱了。

迎接陈独秀出狱的蔡元培当众宣布："北京大学为有仲甫而骄傲！"李大钊则献上诗作《欢迎独秀出狱》：

> 你今天出狱了，
> 我们很欢喜！
> 他们的强权和威力，
> 终究战不胜真理。
> 什么监狱什么死，
> 都不能屈服了你，
> 因为你拥护真理，
> 所以真理拥护你。

五四时期，陈独秀是赫赫有名的大人物，几乎无人不知。其原因有三：其一，这和他主编《新青年》有关。《新青年》是"五四"反帝反封建的主要舆论阵地、民主主义与社会主义的一面旗帜、革命青年的向导，影响了整整一代人；其二是在他的呼喊倡导下，民主与科学成了五四运动的主要口号与运动主调，影响极其深远；其三是他彻底地不妥协地反帝反封建的革命精神。他对封建主义的批判，既深刻又尖锐，是当时的人无法比拟的。

"社会主义旗手"李大钊

李大钊是中国共产主义的先驱，伟大的马克思主义者、杰出的无产阶级革命家、中国共产党的主要创始人之一。他不仅是学识渊博、勇于开拓的著名学者，还是中国共产党早期卓越的领导人。在中国共

◎李大钊

产主义运动和民族解放事业中，他做出了突出贡献，具有崇高的历史地位。作为五四爱国运动的领导者之一，李大钊的主要贡献是传播了马克思主义。

1889年10月，李大钊出生于河北乐亭。战乱动荡的年代，艰辛备尝的生活，使李大钊从小养成了忧国忧民的情怀和沉稳坚强的性格。经过努力，李大钊于1913年东渡日本，考入东京早稻田大学政治本科学习。1915年，在日本帝国主义提出灭亡中国的“二十一条”后，李大钊积极参加留日学生的抗议斗争。他起草的通电《警告全国父老书》传遍全国，他也因此成为著名爱国志士。

1917年11月，章士钊先生接受北京大学的聘请，担任文科研究院教授兼图书馆主任。他有意举荐贤才，向蔡元培推荐李大钊来接替图书馆主任一职。由此，李大钊于1918年来到北大就职，开始了他生命中最辉煌的时期。

稳定的生活和浓厚的学术气氛，让李大钊如鱼得水。在北京大学是新文化运动的中心，他很快认识了陈独秀、胡适、高一涵等大批时代的先锋人物，并结为志同道合的好友，并很快成为领导和推动中国革命的旗手。

1917年，十月革命一声炮响，给中国送来了马克思列宁主义。俄国社会主义革命的胜利极大地鼓舞和启发了李大钊，他以《新青年》和《每周评论》为阵地，相继发表了《法俄革命之比较观》、《庶民的胜利》、《布尔什维主义的胜利》、《我的马克思主义观》、《再论问题与主义》等大量宣传十月革命和马克思列宁主义的著名文章和演说。李大钊在文章中阐述十月革命的意义，讴歌十月革命的胜利，旗帜鲜

◎油画:《十月革命》

明地批判改良主义。他也因此成为中国共产主义的先驱、中国最早传播马克思主义的人。

1918年11月，第一次世界大战以“同盟国”的失败而告终。当全国民众都在因中国加入协约国，称为战胜国，沉浸在扬眉吐气，就此洗刷列强给予的耻辱，收回国土的狂欢之中时，李大钊保持了难得的一份清醒。

11月29日，北京大学在中央公园举办庆祝大会，李大钊到会讲演。这就是著名的是《庶民的胜利》。他明确地告诉中国的工人阶级和全国人民，这次的胜利者，“不是哪一国的军阀或资本家的政府，是全世界的庶民。”李大钊指出：“须知今后的世界，变成劳工的世界。”他号召：“要想在世界上当一个庶民，应该在世界上当一个工人。”

1919年5月1日，李大钊帮助《晨报》副刊出版了“劳动节纪念专号”。这是在中国报纸上头一次纪念世界无产阶级的节日。李大钊发表了《五一节杂感》，指出这个日子是工人阶级“直接行动”取得成功的日子，是工人的庆典日。在“五四”前夕，李大钊的文章第一次把“直接行动”公开提出来，为即将来临的“五四”革命风暴发出了战斗讯号。李大钊及团结在他周围的革命知识分子为五四运动进行了思想动员和组织准备。李大钊是五四运动的直接指导者和参与者。

巴黎和会失败的消息传来后，北京掀起了波澜壮阔的爱国运动。愤怒的学生们在示威游行之后，痛打了章宗祥，火烧了赵家楼。但是，来不及撤退的学生被随后赶来的军警逮捕了。闻讯后，李大钊作为北大教职员联合会代表，立即四处奔走，展开营救，直至5月7日被捕学生全部释放，安全返校。

在五四运动中，李大钊写了《秘密外交与强盗世界》一文。他在文章中写道：

> “……这回欧战完了，我们可曾做梦，说什么人道、平和得了胜利，以后的世界或者不是强盗世界了，或者有点人的世界的色彩了。谁知道这些名词，都只是强盗政府的假招牌。我们且看巴黎会议所议决的事，哪一件有一丝一毫人道、正义、平和、光明的影子，那一件不是拿着弱小民族的自由、权利，作几大强盗国家的牺牲!”

在此期间，为了更好地指导学生运动和以工人为主力的群众斗争，李大钊和陈独秀共同商讨起草了《北京市民宣言》，并印成传单，亲自走上街头散发。“宣言”号召人民与反动派作不调和的斗争，宣告如果反动政府不答应群众的要求，工人、学生、商人就应用“直接行动”求“根本之改造”。

李大钊在五四运动中培养了一大批具有初步共产主义思想的先进分子，如邓中夏、毛泽东、恽代英、赵世炎、杨贤江、张闻天、高君字、何孟雄、罗章龙等。他们在五四运动中发挥了重要骨干作用。李大钊还号召知识分子与工农相结合，促进中国工人阶级登上历史舞台。这一切为随后中国共产党的建立创造了干部条件。这些伟大功绩，彪炳史册，是任何其他“五四”领袖都无法比拟的。

1920 年 3 月，李大钊同志在北京大学发起马克思学说研究会。同年秋，他又领导建立了北京的共产党早期组织和北京社会主义青年团，积极推动建立全国范围的共产党组织。1921 年，中国共产党宣告成立。这是中国近现代史上开天辟地的大事件，中国革命的面貌从此焕然一新。李大钊同志对中国共产党的创建做出了至关重要的贡献。

1927 年 4 月，在反动军阀的白色恐怖中，李大钊同志在北京被捕入狱。他受尽各种严刑拷问，始终坚贞不屈、大义凛然，最终惨遭反动军阀杀害，牺牲时年仅 38 岁。

“精神导师”蔡元培

五四时期，“民主”和“科学”的号角在中华大地上第一次吹响。无数读书人激流勇进，为此献出了青春和热血。对于五四运动的发源地北京大学来说，这不仅是涌现出青年先锋的时代，更加是一个大师辈出的年代。这一切，都和一个人的努力是分不开的。他，就是时任北京大学校长的蔡元培。

◎蔡元培

蔡元培，字鹤卿，1868 年出生于绍兴山阴。他是民国时期著名的革命家、教育家、政治家。中华民国首任教育总长，1916 年至 1927 年任北京大学校长。正是因为他在职期间对新文化运动的支持与保护，并提出了著名的、具有深远历史意义的“循思想自由原则、取兼容并包主义”的办学方针。可以说，没有蔡元培就没有新北大；没有新北大就没有五四运动，即使有也不知要推迟多少年。作为五四运动的学生领导人之一，许德珩回忆说：在这个运动中，蔡元培先生“不仅仅是精神上的指导者，简直是实际上的行动者”。

蔡元培的少年时代是在绍兴度过的。他曾经在著名的古越藏书楼校对书稿，从而博览群书，打下了深厚的文学功底。1892 年，蔡元培参加科举考试，高中进士。辛亥革命后，蔡元培东游日本求学，开始接触西学，逐渐转变成一名心向改革的资产阶级革命者。

1912 年，蔡元培回国后担任南京临时政府第一任教育总长，主张采用西方教育制度，实行男女同校等改革措施，确立起我国资产阶级民主教育体制。二次革命失败后，他携眷赴法，与李石曾等创办留法勤工俭学会。

民国成立后，京师大学堂改称北京大学。进行过初步的民主改革，到 1916 年，北大已经历五任校长。学校面貌发生了一些变化，学生数量增加到 1500 人。但由于继承了清末“老爷”式学堂的传统，加上受袁世凯“复辟”形势的影响，校内民主思想备受压抑，学术空气淡薄。

1916 年 12 月，蔡元培被任命为北大校长。许多人劝他不要就任，以免因改造不好而有碍声名。然而，蔡元培在孙中山等人的支持下，毅然赴任，开始对北大实施全面改革。

蔡元培深知，当时多数教员的顽固守旧严重阻碍了北大的发展，要提升北大的学术气氛，必须有一批开明而博学的教员。为了延揽英才，蔡元培专门组织了聘任委员会，协助校长聘任有才能的教员。

1916 年 12 月，蔡元培以“三顾茅庐”的诚意打动了陈独秀，使其同意担任北大文科学长。陈独秀主编的《新青年》杂志也由此迁至北京。此后，蔡元培又聘请了胡适、李大钊、鲁迅、钱玄同、刘半农、沈尹默等具有革新意识又有真才实学的新派人物。

◎蔡元培在北京时的故居

蔡元培深知人才难得，所以在教员的选择上更加注重才学。他包容不同的政治见解和不同学术流派的人。北大既有陈独秀等人物，也有政治上保守但学术造诣极高的辜鸿铭、陈汉章、黄侃等人。这些人围绕在蔡元培周围，为他的“思想自由，兼容并包”办学方针的实施打下了坚实的基础，使北大成为了思想自由，学术气息浓厚的高等学府。胡适在晚年回忆起当时北大的情况时，言语中充满了对蔡元培的敬重之情：“我在北大任教的时候，校长是那位了不起的蔡元培先生，他是一位伟大的领袖……”

五四运动中的蔡元培是矛盾的。他不希望学生们更多地参与到政治中去，却又难掩民族危亡的心潮激荡。

5 月 4 日那一天，身为北大校长的蔡元培曾力劝学生不要上街。学生队伍临出发前，蔡元培还在校门口阻止了一下，说有什么问题，他可代向政府申请提出，希望学生不要影响正常学习与社会秩序，但学生群情激昂，坚持要上街游行，他也就让开了。

当天，北京各校5000名学生游行示威，有32名学生被捕，关在北河沿，其中北京大学就有20名。蔡元培虽然在“五四”当天没有亲自参加游行，但他始终站在学生一边。在当晚的法科礼堂召开的会议上，蔡元培表示会以北大校长的名义营救被捕者，以身家作保要求北洋反动政府释放被捕的学生。

由于五四运动得到广大的工人、商人、学生的拥护，他们举行罢工、罢市、罢课以示支持。北洋军阀的掌权者害怕弄得不可收拾，过几天就把抓去的学生释放了。5月7日，被捕学生获释，蔡元培亲自率领北大全体教职工和学生在沙滩广场列队迎接。大家见面后，分外激动，彼此相对欲言无语，许多人竟至大哭起来。

蔡元培劝大家应当高兴，不要哭泣，话未说完自己也禁不住流下眼泪。当时被捕获释的学生许德珩在回忆当时的情景时说：“当我们出狱由同学陪伴走进沙滩广场时，蔡先生是那样的沉毅而慈祥，他含着眼泪强作笑容，勉励我们，安慰我们，给我们留下了极为深刻的印象。”

虽然京城政治圈内一些官员也或多或少同情学生，迫使总统徐世昌、总理钱能训无法完全听从段祺瑞摆布，压制学生的计划因而不能实现。但是，亲日派系的实力不容小觑，学生游行示威之后，段祺瑞的有力助手、陆军次长徐树铮就命令他的部队把大炮架在景山上，炮口对准北大示威。在这样严酷形势的压迫下，为缓和亲日派的愤怒，蔡元培不愿因个人去留致使事态进一步扩大。于是，在被捕学生全部释放回校后的第二日，蔡元培于向大总统和教育总长递交辞呈，剃掉了留长的胡子，于次日清晨悄然出京，去了欧洲。校务由秘书长蒋梦麟暂时维持。

蔡元培堪称五四青年的保护神。他为北大开启了一片自由天地，民主主义、社会主义、无政府主义等各种思想、流派，可以在北大自

“文学改良”和白话文学，成为当时新文化运动的重要人物。同年，胡适在《新青年》上发表《文学改良刍议》，主张以白话文代替文言文。胡适所写的《尝试集》是中国第一部白话诗集。他还提出写文章“不作无病之呻吟”，“须言之有物”等主张，为新文学形式作出了初步设想。

在今天看来，提倡白话文似乎是理所当然的。然而，在20世纪初的中国，却是翻天覆地的大事。古文在中国盛行了上千年，始终为少数贵族和文人所垄断，是站在普通民众对立面的艺术形式。用白话文取代古文，相当于夺去了贵族阶级身上的光环，挖开了封建文人的藏身之所，其革命意义不言而喻。

胡适发起白话文运动，更重要的是出于思想解放，个性张扬的考虑。五四运动中，胡适被称为“自由主义的旗手”，同时他也自称是“爱自由的人”。他提倡自由、崇拜自由，认为“自由主义运动是爱自由，争取自由，崇拜自由”的运动。他把自由提到相当高度，几乎达到自由就是一切，一切为了自由的程度，陷入自由拜物教的迷雾中。这也是胡适在思想上矛盾的地方。

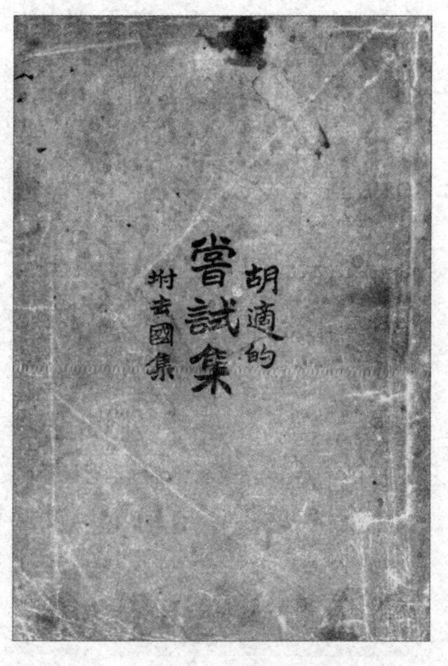

◎解放后出版的《尝试集》

当时，胡适在北大讲课时大讲白话文的优点，那些醉心文言文的同学不免萌生了抵触情绪。正当胡适讲得津津有味时，一位同学突然站起来，声色俱厉地提出抗议：“胡先生，难道说白话文就没有缺点吗？”胡适冲着他微笑着说：“没有的。”那位同学更加激愤地反驳道：“白话文语言不精练，打电报用字多，花钱多。”胡适扶扶眼镜，柔声道：“不一定吧！前几天，行政院有位朋友给我打来电报，邀我去做行政院秘书，我不愿从政，决定不去，为这件事我复电拒绝。复电是用白话写的，看来也很省字省钱。请同学们根据我这一意愿，用文言文编写一则复电，看看究竟是白话文好，还是文言文好?”

几分钟过去，胡适让同学们自动举手，报告用字数目，然后从中挑选一份用字最少的文言电稿，电文是这样写的：“才学疏浅，恐难胜任，不堪从命。”胡适说：“这 12 个字确实简练。但我的白话电报却只用了 5 个字：干不了，谢谢。”接着他解释道：“‘干不了’就含有才学疏浅，恐难胜任之意；‘谢谢’既对友人费心介绍表示感谢又暗示拒绝之意。由此看来，语言的精练与否，不在白话与文言的差别，在于能否恰如其分地选用字词。”经过这一堂课，不少同学对胡适、对白话文都有了好感。

但是，一向自负辩才的胡适也有吃亏的时候。五四时期，著名国学大师黄侃和胡适同在北大任教。黄侃先生十分反对胡适所倡议的白话文运动。有一次，黄侃对胡适说：“你口口声声要推广白话文，未必出于真心。”胡适不解其意，连忙追问。黄侃称如果胡适身体力行的话，名字就不应叫胡适，应该叫“往哪里去”才对，说罢大笑而去。胡适听后一愣，只好苦笑着自认吃亏。

◎黄侃

另外，胡适把争取自由、提倡个性解放与女子解放联系在一起，严厉谴责社会对个性的摧残、限制其自由发展的罪恶，希望建立一个“真正尊重个人自由的社会”。这对当时女性解放起到了很大的推动作用。很多知识女性在胡适“女子解放、女子自立”的号召下，纷纷走出封建家庭，走上社会，争做与男子一样的“自立”新人。

在中国历史上，胡适被称为“新文化运

动的主将之一、中国自由主义的先驱”。无论胡适的一生在政治立场上怎样摇摆不定，他终究只是一名文人。1962 年，胡适在台湾的一个酒会上突发心脏病去世，享年 71 岁。

“与国无疆”——毛泽东

五四运动在中国革命史上具有重要的意义。正如毛泽东所说的：“五四运动是在思想上和干部上准备了 1921 年中国共产党的成立，又准备了五卅运动和北伐战争。”毛泽东在五四运动前后的活动，为湖南成立共产党在思想上、组织上创造了条件。

◎毛泽东

在五四期间，毛泽东曾经两次来到北京。

1918 年 6 月，毛泽东从第一师范毕业，他和他的同学绝大多数都希望继续升学。当时，许多青年都倾向于出国深造，而且那时赴日留学之风颇盛。不过，毛泽东等人既不想前往日本，去往欧美又苦于缺钱。正在苦恼之际，毛泽东的老师杨昌济先生从北京寄来了一封信。

杨昌济在信中告诉毛泽东，法国政府将来华招募工人，这是赴法勤工俭学的大好机会。杨昌济的来信一下子解决了毛泽东等人的难题，前往法国的决定也让湖南青年倍感兴奋。

同年 8 月中旬，毛泽东和罗学瓒等 20 多人动身前往北京。由于华法教育会准备工作没做好，不能马上动身赶赴法国。毛泽东组织大家先参加留法预备班学习。预备班开设法文、制图（为进工厂做工而准备）和数学几科。学期一年，一年后即可踏上前往法国的远洋轮船。

毛泽东等人在北京的生活十分艰苦，8 个人挤在一张小土炕上。为

◎杨昌济

了解决一个月五六元的生活费，杨昌济把萧子升介绍给时任法文专修馆副馆长的李石曾做秘书，又推荐毛泽东到北京大学图书馆做助理员。当时的图书馆主任是李大钊。由此，毛泽东从李大钊那里受到了俄国十月革命的熏陶。可以说，毛泽东此时还只是一名普通的爱国青年，甚至一度沉迷于无政府主义的自由幻想。

1919 年，五四运动爆发时，陈独秀已近不惑，李大钊正处于而立之年。此时，毛泽东才 26 岁。虽说在年岁上相差无多，但从社会地位和影响来看，他们却是不同时代的人。正如毛泽东在回忆五四的时候说起的："我们是他们那一代的学生。"

早在 1914 年秋，毛泽东进入湖南省立第一师范学校本科第八班学习的时候，他就深受杨昌济等进步教师的影响，成为《新青年》杂志的热心读者。从那时起，毛泽东就成了陈独秀、胡适等进步人士的崇拜者。

1919 年 4 月，毛泽东从北京返回湖南。五四运动爆发后，湖南各地奋起声援北京学生的爱国行动。7 月 9 日，由湖南学联发起，成立湖南各界联合会。学联在暑假期间组织讲演团，演新戏。青年学生们不辞辛苦，日夜奔波，进行各种爱国反日的宣传。长沙的工人们也组织宣传队，和学生们共同行动。湖南各县的学生和各界人民也都有类似的组织和活动。在此期间，毛泽东一直站在群众运动的前线，是五四运动在湖南的积极组织者和领导者。

为了开展湖南的革命运动，提高群众的政治觉悟，维护他们的革命热情，也为了发表自己的政见，毛泽东和湖南学生联合会觉得在长沙办一个刊物很有必要。由此，1919 年 7 月 14 日，《湘江评论》的创

湘江評論

◎《湘江评论》刊物

刊号面世了。《湘江评论》的发行在当时引起了极大轰动，社会进步人士争相购买。

1919 年 6 月 11 日，陈独秀在北京散发传单时被捕，全国各界立即掀起营救陈独秀的运动，毛泽东也加入了营救行列。他在《湘江评论》创刊号中发表了重要文章《陈独秀之被捕及营救》，文章介绍了陈独秀被捕经过和全国营救陈独秀、盛赞其几年来提倡新思潮的功绩，并表示：“对于陈君，认他为思想界的明星。……陈君原自说过：出试验室，即入监狱；出监狱，即入试验室。又说：死是不怕的。陈君可以实验其言了。”

1919 年 12 月 18 日，毛泽东率领“驱张”代表团到达北京，这是他的第二次北京之行。为了迫使北京政府撤掉时任湖南督军兼省长的皖系军阀张敬尧，毛泽东率领的“驱张”代表团在京先后进行过 7 次请愿活动。毛泽东作为请愿代表，义正词严地向国务总理靳云鹏提出了“驱张”要求。毛泽东的名字频频出现在报纸、各种“驱张”通电和新闻里，他的社会活动能力和政治才干越来越引人注意。

期间，毛泽东还特地拜访了李大钊，向他汇报了湖南青年运动的情况。为进一步引导毛泽东走上马克思主义道路，李大钊特意向他推荐了一批有关共产主义和俄国十月革命的中文书籍，其中有马克思、恩格斯的《共产党宣言》节译本和托马斯·柯卡普的《社会主义史》等。

受李大钊的影响，毛泽东对布尔什维克主义有了越来越浓厚的兴趣，开始注意报刊上介绍马克思主义的文章，特别留心搜寻和阅读当时能够找到的为数不多的中文版马克思主义书籍。李大钊推荐的这些书，对毛泽东世界观的转变产生了极为深刻的影响，帮助他树立起了马克思主义的信仰。从这时起，毛泽东毫不犹豫、大踏步地走上了马克思主义的道路。

五四运动对于毛泽东的影响极其深远，可以说正是这这段时期内，毛泽东完成了从爱国青年到马克思主义者的转变。多年后，毛泽东在接受美国记者斯诺的采访时说："1920 年夏，在理论上，而且在某种程度的行动上，我已经成为一个马克思主义者了，而且从此我也认为自己是一个马克思主义者了。"

1921 年 7 月，毛泽东同何叔衡作为长沙共产主义小组的代表出席在上海召开的中国共产党第一次全国代表大会。会议结束后，毛泽东返回湖南，建立了中共湖南支部。由此，毛泽东开始了领导中国人民翻身解放，"敢教日月换新天"的世纪伟业。

意气风发——周恩来

20 世纪初，一场启蒙运动最终转化成具有时代意义的五四新文化运动。它是以 1915 年 9 月《新青年》创刊号的发行为标志的。陈独秀在一篇《敬告读者》中，向广大青年提出"自主的而非奴隶的、进步的而非保守的、进取的而非退隐的、世界的而非锁国的、实利的而非虚文的、科学的而非想象的"六点希望，成为发起新文化运动的青年宣言。

◎周恩来

新文化运动的兴起，让更多的年轻人走上社会的舞台，将目光投向世界，投向中国的未来，成为中国现代文化思想上最早的一批先觉者。这其中就包括周恩来。

周恩来，祖籍浙江绍兴，1898 年 3 月 5 日出生在苏北古城淮安驸马巷。淮安地处淮河

◎周恩来(前排左一)与南开学校师生们合影

下游平原腹地，东临黄海，南北与运河相通，物产丰富，漕运兴旺，曾经创造过极其灿烂的古代文明。

1913 年 2 月，周恩来随家人迁居天津，同年 8 月考取了仿照欧美教育制度开办的私人学校——南开中学。

南开中学拥有校长张伯苓、创办人严修等一批思想开明、教学经验丰富的老师，对学生的要求极其严格。学校不仅要求学生成绩优秀，更提倡积极开展社会活动，养成自立自强的能力。年轻的周恩来在这里学习格外勤奋，同时极大地锻炼了社会能力。

毕业后，周恩来选择了赴日本留学，寻找救亡图存的道路。1917 年 9 月，周恩来由天津登上驶往日本的渡轮。临行前，他面对苍茫海天豪情万丈，挥毫写下了抒发壮志的诗篇："大江歌罢掉头东，邃密群科济世穷。面壁十年图破壁，难酬蹈海亦英雄。"

◎周恩来(中)在日本留学时与同学的合影

周恩来到日本时，正值俄国十月革命爆发。十月革命的情况传到日本后，日本学界掀起了一股马克思主义热。一批知识分子信奉并积极宣传马克思主义学说，其代表者是河上肇。他出版了许多书籍、发表了许多文章，通俗地介绍马克思主义学说，热心宣传十月革命。由于日本与俄罗斯在东北亚长期处于对抗状态，日本国民也特别关注俄国，各大报纸都从不同的角度广泛介绍了十月革命。这些情况，使刚到日本的周恩来有比国内的青年知识分子更好地接触马克思列宁主义、了解俄国十月革命的条件。

不久，国内传来南开学校要创办大学部的消息。周恩来欣喜若狂，他毅然决定回国进入南开大学部学习。周恩来认为自己在日本接受了进步思想，接受了马克思主义学说，启发了自己的头脑。他要带着这些新思想，回国寻找救国救民的道路。这年 4 月，周恩来在日本神户乘船，返回中国。

此时的中国，正处于风暴袭来的前夕，五四运动的雷声已经轰轰

◎天津学生游行时的情景

欲响。在五四运动的导火索——巴黎和会上，列强竟将原德国在山东攫取的一切权益转由日本接管。消息传回国内，举国愤怒。以北京大学为主的学生，于 5 月 4 日举行示威游行，喊出了“外争国权，内惩国贼”、“拒绝巴黎和会签字”、“收回山东权利”的口号。他们在游行示威后，火烧了亲日派官僚曹汝霖的住宅，痛打了亲日派官僚章宗祥。

五四运动爆发后，天津学生群起响应。特别是南开学校的进步学生，在刘清扬、李毅韬、郭隆真、张若茗、邓颖超等学生骨干推动下，已经着手准备组织学生示威游行。

周恩来从日本回国后，先到东北探亲访友，等待南开学校创办大学部的消息，然后于 4 月底返回天津。天津进步学生酝酿、发动支持五四运动的全过程，他都积极参加其中。和其他进步学生一样，热血沸腾的周恩来，立即投身到爱国学生运动中。由于南开学校大学部当时还没有正式开办，周恩来不能算南开的学生，他就以南开校友的身

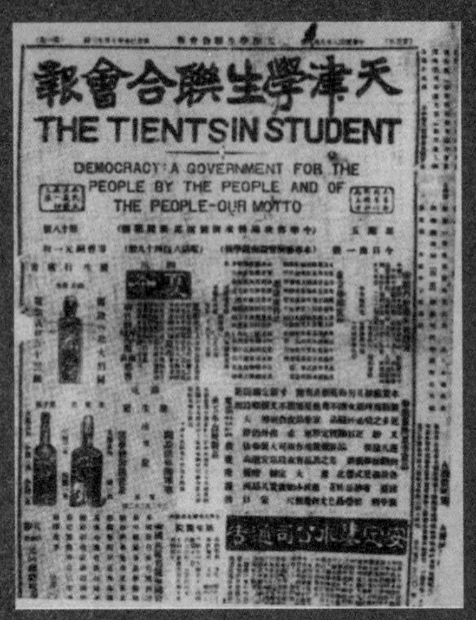
天津學生聯合會報

THE TIENTSIN STUDENT

DEMOCRACY: A GOVERNMENT FOR THE PEOPLE BY THE PEOPLE AND OF THE PEOPLE-OUR MOTTO

◎由周恩来主编的《天津学生联合会报》

◎五四运动中，承印《天津学生联合会报》的印刷机

份，全力参与运动。

当时，天津学生联合会正在筹备创办《天津学生联合会报》，为声援学生的反帝反封建运动造势。学生代表一致推举周恩来担任主编。在周恩来的领导下，《联合会报》观点鲜明，内容丰富，不仅受到了学生的欢迎，连社会人士也争相购买、阅读。一时间，《联合会报》成为了天津学生进行爱国宣传的重要阵地，而周恩来也成为天津爱国运动的组织者和领导者。

1919 年 8 月，北京政府任命军阀马良为山东戒严司令。心狠手辣的刽子手马良在上任伊始就杀害了救国会会长、回民领袖马云亭等 3 位爱国运动领导人。

事件发生后，在社会上引起轩然大波。山东派遣代表来到天津，寻求各界爱国人士的支援，以集中舆论力量向政府施压，严惩反动军阀马良。周恩来立即在《联合会报》上公布了山东惨案的真相，推动了天津各界再次进京请愿运动的进程。

8 月 23 日，天津请愿代表连同北京学生代表共 25 人到新华门外总

统府送交请愿书时，被大批军警逮捕。北京学联立即打电话向天津学联通告了情况。经过商议，周恩来决定再派代表率领学生到北京，但这次采取新的斗争方法，在总统府前露宿抗议。周恩来的意见得到爱国学生们的拥护。于是，他们重新组织了五六百名爱国学生前往北京，周恩来是其中的领导者之一。到北京后，他们和其他爱国学生代表一起，在总统府外连日露宿请愿，要求释放被捕学生。学生们在总统府前和平请愿，反动政府没有理由驱逐和镇压。消息一下子传遍全国，各地进步人士纷纷声援。在各界群众的强大压力下，反动政府被迫释放了被捕代表，斗争取得了胜利。

◎觉悟社初期活动旧址草场庵

斗争胜利后，周恩来提出建立一个比学生联合会更加严密的爱国团体，从事科学和新思潮的研究和宣传，并出版一种刊物。这个提议得到学生领袖们的一致赞成。同年 9 月，天津学联决定出版一本小册子，取名《觉悟》。周恩来成为筹办《觉悟》进而组建进步学生团体的主要策划人和核心人物。经过他们的共同努力，《觉悟》办起来了，进步学生团体也形成了。这个进步学生团体称为“觉悟社”。周恩来是觉悟社的主要领导人，领导成员还有邓颖超、马骏、郭隆真、刘清扬等。

◎觉悟社旧址

1919 年 11 月 16 日，日本帝国主义制造了枪杀中国居民的

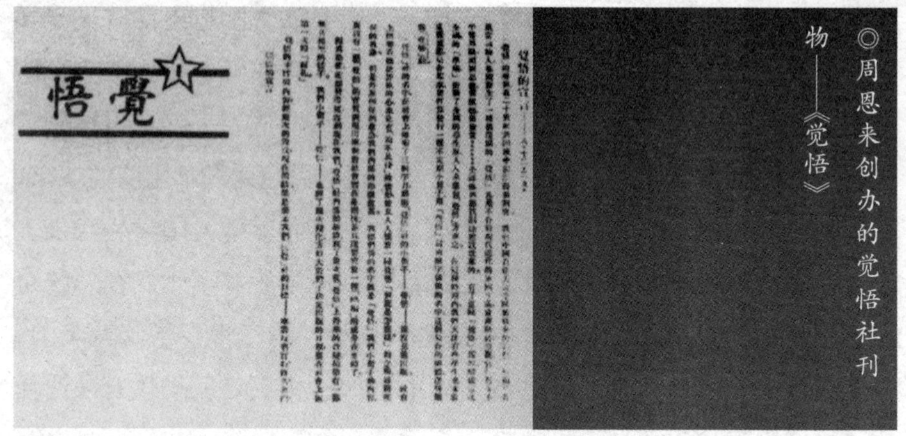

◎周恩来创办的觉悟社刊物——《觉悟》

“福州惨案”。福州学生罢课抗议，天津学生也奋起响应。25 日，天津学生 1000 多人游行讲演，散发传单，声援福建人民。12 月 10 日，天津中等以上学校组成的学校学生联合会成立，号召抵制日货。不久，检查日货的三个学联调查员遭到日本浪人的毒打，各界代表到警察厅请愿时又被警察殴打，还有 20 多名学生被逮捕。

这种形势下，周恩来出面在 1920 年 1 月 29 日召集各学校学生上千人前往河北省公署发起请愿。周恩来任总指挥，走在队伍最前面。到省公署后，周恩来、郭隆真、于方舟、张若茗四人以代表身份，冲破警察拦截，直接进入省公署。省公署的人员惊慌失措，下令警察将周恩来等四人逮捕。随后，他们又下令警察用枪托和刺刀驱散请愿人群。结果，重伤学生达 50 多人。

周恩来和一起被关押的学生商议决定，在监狱里要坚持斗争，要坚持学习和锻炼。经过他们的斗争，监狱允许他们自由阅读书报。周恩来还和马千里、于方舟 3 人创办了监狱中的读书团，向狱友介绍各种新思潮。

被捕期间，周恩来系统地阅读了大量有关马克思主义的书籍，使他对马克思主义有了更深刻的认识，自身的思想也发生了重大变化。他认识到，马克思主义是救中国的良方，中国只有学习俄国，搞社会

◎1920 年 7 月 17 日，周恩来等被捕代表出狱后与各界人士合影

主义革命，走社会主义道路，才能成为人民民主的国家。这时，周恩来已经成为一个信仰马克思主义的进步青年了。周恩来后来回忆说："我的革命意识的萌芽，就是从这个时候开始的。"

1920 年 7 月 17 日，天津地方审判庭以"骚扰罪"判处周恩来有期徒刑两个月，判定日期恰好和周恩来等人被关押的日期相等。法官宣布，周恩来等人"期满释放"。

出狱后，周恩来继续组织觉悟社的活动。此时，由著名学者蔡元培、李石曾在北京发起的勤工俭学活动，已经在国内许多爱国进步学生中掀起热潮。周恩来也于此时作为南开大学赴法勤工俭学的第一批学生，踏上了前往欧洲寻求救国救民真理的艰辛之路……

时代先锋——许德珩

在五四运动中，曾经涌现出大批青年学生领袖。他们挥舞着"民主与科学"的旗帜，走在时代的前沿。五四过后，这些人或留学海外，

◎许德珩

或投身革命，各自踏上了不同的人生轨迹。在这些热血青年中，许德珩堪称是一位传奇式的人物。

许德珩，1890 年出生于江西九江，是中国著名的政治活动家、教育家、学者。他幼年聪颖，6 岁起便进入私塾启蒙，打下了深厚的典经研读基础。一向同情革命的父亲，指导许德珩读了很多宣扬民主革命思想的书刊，像邹容的《革命军》、《新民书刊》等等。这些书刊对许德珩的影响很大，早早在他心里埋下了革命的种子。

许德珩 16 岁那年，无意中接触到英语，产生了浓厚的兴趣。他每天前往县城学习英文，为了节省食宿费用，许德珩要徒步往返 40 里路。皇天不负有心人，许德珩风雨无阻地苦学了两年，终于奠定了后来的英文基础，同时也锻炼了自己身体和意志。

相对于其他的五四青年学生领袖来说，许德珩的经历要更加丰富。在中学读书期间，他就曾参加同盟会，剪去长辫，甚至两次投笔从戎，参加孙中山领导的“讨袁战争”。直至 1915 年，许德珩考入北京大学英文系，后转国文，才开始了他一生事业的起点。

当时的北大，在蔡元培出任北京大学校长后，带来了思想解放和学术繁荣，使北京大学成为中国传播科学和民主思想的圣殿。也正是在北大，许德珩的演讲才能、组织才能、写作才能、翻译才能、书法才能以及卓尔不群的个性得到了彻底的释放和张扬，让人们看到了一个意志坚强、做事决绝的许德珩。

许德珩进入北大后不久，很快结识了李大钊、毛泽东等人。后来经李大钊介绍，他参加了少年中国学会，和邓中夏等人组织北京大学平民教育讲演团，向人民群众进行宣传，以扩大新文化运动和爱国民主运动的影响。许德珩是当时全国学生统一组织“学生救国会”和该组织创办的《国民杂志》的负责人之一。

在许德珩的孙子许进先生的一篇文章中，记载着许德珩在北大期间的一件趣事。当时，李大钊和陈独秀都被青年学生视为精神领袖，深受青年学生们尊敬和爱戴。不过，在五四运动爆发前，许德珩和陈独秀之间还曾发生过一场误会。

1917 年 1 月，蔡元培出任北京大学校长后，聘请陈独秀担任文学院长。陈独秀上任后开始整顿校风。他听说学院经常有人无故旷课，由别人代为签到，非常生气，决定给予处分。

在整治校风的过程中，陈独秀误将许德珩、俞平伯和杨振声三人当成了无故旷课的“顽劣学生”。于是，他将写有处分通知的牌子挂在了学校的布告栏上。

许德珩学习一向努力，课余时间也在教室或者图书馆看书，这样尚嫌时间不够用，怎么会旷课呢？所以，当有同学到图书馆告诉他，学校要处分他时，许德珩以为这只是同学在开玩笑。

万万想不到的是，许德珩真的在布告栏看见了处分自己的牌子，旁边站着愁眉苦脸的俞平伯和杨振声。自小性格刚烈的许德珩哪能受得了这样的冤枉，一把将牌子从布告栏摘下来，狠狠摔到地上。其他的同学被许德珩的这一举动吓坏了，纷纷上前阻拦。

陈独秀听说处分牌被学生摘下来摔坏了，以为是学生故意捣乱，蔑视校规，不由得大怒，遂派校工再次挂上了新的处分牌。许德珩知道，按照北大的校规，学生连续三次受到处分就要被开除学籍。他怒火中烧，再次将牌子摘下来摔碎，跑到教员办公室外大喊：“陈独秀！你出来！老子跟你拼命！”同样性格倔强的陈独秀哪能被一名学生威胁，他立即派人挂起了第三块处分牌。

这场风波很快被校长蔡元培知道了。他私下里劝陈独秀说，这个学生在学校颇有声誉，这次敢摔坏处分牌，一定另有隐情，我们了解一下内情再处分也不迟。果然，真相水落石出后，学校收回了处分的决定。后来，许德珩和陈独秀冰释前嫌，甚至在五四运动中建立了深厚的友谊。

“五四”前夜，许德珩彻夜未眠，挥毫写下了《五四宣言》。他将仅有的一条白色床单撕成条状，写上一句句爱国标语，为第二天的示威游行做准备。

1919 年 5 月 4 日，北京数千名学生在天安门广场集会。许德珩作为学生领袖之一，始终走在队伍的前面。他在集会上宣读了连夜起草的《北京学生天安门大会宣言》。许德珩的呐喊声响彻上空：“山东亡，是中国亡矣！我国同胞处其大地，有此河山，岂能目睹此强暴之欺凌我，压迫我，奴隶我，牛马我，而不作万死一生之呼救乎？……”

火烧赵家楼后，许德珩和其他 31 名学生被军警逮捕，关押在京师警察厅。虽然在狱中受到了非人的折磨，但许德珩仍然斗志昂扬地鼓励大家坚持斗争，不向反动势力妥协。经蔡元培等北京 14 所高等院校校长联名保释和孙中山、林长民等社会显要的呼吁，北京政府于 5 月 7 日被迫释放了许德珩等人。

1920 年，为继续寻求救国救民的道路，许德珩赴法勤工俭学。7 年后，许德珩返回国内，开始了一生的奋斗。他曾做过北伐革命军政治部代主任，又在新中国成立以后先后担任全国政协副主席和全国人大常委会副委员长，却始终不曾改变最爱的教师身份。他亲手创建了九三学社，连任九三学社第一至七届中央主席，又在 89 岁高龄时以个人身份加入了中国共产党。

1990 年，许德珩与世长辞。他的一生，经历了大浪淘沙的一百年。无论遭遇到什么样的风风雨雨，他身上的五四风骨丝毫没有动摇。可以说，许德珩既是五四运动的学生领导者，又是五四精神的传承者，是一位真正值得尊敬的“时代先锋”。

“五四之子”——傅斯年

1919 年 5 月 4 日，数千名学生掀起的游行风暴席卷了全国各地。作为当天游行总指挥的傅斯年，被称为“五四之子”，可谓当之无愧。

傅斯年出生于山东聊城，其所在的傅氏家族是典型的书香门第、官宦世家。自古文化气息浓厚的聊城被称为鲁西“八股文化中心”，这种氛围对傅家影响极大。诗书传家的祖训奠定了傅氏成就名门望族的基础。百年间，傅家获取功名，中举人、进士者不下百人，在朝为官出任封疆大吏者更是几代不绝，甚至在顺治年间出现了一位宰相。

◎傅斯年

傅斯年就是生长于这样的家庭之中。傅家人才华横溢的世代积累，傅氏先辈的孤高傲物，这些通通在傅斯年身上得到体现。三四岁时，他便被祖父教授《三字经》、《千字文》等启蒙读物，5 岁入私塾学习。在祖父的督导之下，傅斯年打下了深厚的古文根底，这让他一生受益无穷。傅斯年曾回忆说：“祖父生前所教的，净是忠孝节义，从未灌输丝毫不洁不正思想。我得有今日，都是祖父所赐。”

1901 年，祖父顺应潮流，支持傅斯年进入开明人士开办的中小学，接受现代教育。1913 年夏，傅斯年以优异的成绩考入了风云际会的北京大学。据当时同学回忆说，傅斯年在北大预科期间，虽然常常生病，但成绩仍是第一，似乎全校再也找不出比他天资更好的人。

这并非夸张。年轻的傅斯年，以其满腹经纶，在北大不仅赢得了刘师培、黄侃等旧派人物的赏识，把其当做衣钵传人；更因为他对西学的敏锐与见识的通达，使得新文化运动领军人物陈独秀、胡适诸人对其青眼有加。

学识的渊博，使傅斯年在北大学生中威望极高，甚至达到影响教员去留的地步。1917年进入北大教授中国哲学史的胡适，便是一个例子。

26岁的胡适留美归国后便进入北大，学生们并不欣赏这位比自己大不了几岁的教授，甚至一度想将他赶走。傅斯年在听了几次胡适的课以后，告诉同学们，胡适讲课的方法和思路是正确的，“这个人虽然书读的不多，但走的路是对的，你们不能闹”。就这样，傅斯年用自己的威信，平息了一场风波，让年轻的胡适在北大讲坛站稳了脚跟。

若干年后，胡适才知道傅斯年不知不觉做了自己的“保护伞”。每当他回忆起这段历史时，总是百感交集。对于傅斯年这位亦徒亦友，一向心高气傲的胡适满口赞誉：“他是人间一个最稀有的天才。他的记忆力最强，理解力也最强。他能做最细密的绣花针工夫，他又有最大胆的大刀阔斧本领。他是最能做学问的学人，同时他又是最能办事、最有组织才干的天生领袖人物。他的情感是最有热力，往往带有爆炸性的；同时，他又是最温柔、最富于理智、最有条理的一个可爱可亲的人。这都是人世最难得合并在一个人身上的才性，而我们的孟真（傅斯年）确能一身兼有这些最难兼有的品性与才能。”

这样一位学业优秀、威望极高的青年成为五四游行的总指挥，是理所当然的。但是那一天所发生的事件并不是傅斯年想看到的。火烧赵家楼事件的发生，让傅斯年感到失望，但那时他已经无法约束情绪失控的学生，所以他愤然退出了学生组织。之所以失望，是因为傅斯年是传统文化土壤所孕育的新派知识分子，是活在20世纪的“士”。他遍读历史，认为野蛮的暴力对抗是历史的后退，只有精神上的革新才是最终的进步之道。

傅斯年作为五四新文化运动的旗手，不仅明确提出了对传统文化的改造意见，而且鼓励青年人通过向西方学习，从而承担起改造中国的历史使命。1919年6月，傅斯年考取了山东省官费留学，从此开始了长达 7 年的英、德游学。期间，他广泛涉猎哲学、历史、政治、文学乃至物理、化学、数学和地质学等各门学科，最后在历史学、语言学、考古学及教育等多个领域都有建树。

且不谈政治观点上的取舍，傅斯年的风骨中秉承了传统文人的真性情。1932 年 10 月，陈独秀在上海租界被捕，引渡给国民党政府。虽然彼此的政治信仰不同，但这并不妨碍傅斯年立即站出来为这位曾任教于北大的老师说话。他在《独立评论》发表《陈独秀案》一文，热情地赞颂陈独秀在“五四”新文化运动中的功绩，称他是“中国革命史上光焰万丈的大彗星”。

傅斯年痛恨日本侵略者。在抗日期间，他屡次撰文痛骂“倭寇”的无耻，甚至严厉抨击国民党政府的妥协、绥靖政策。他曾在抗日战争后代理北京大学校长，坚决不聘请在沦陷区出任过伪职的文人和教员。在傅斯年看来，道理很简单，如果出任伪职的人不受到谴责，他就对不起跋山涉水到了西南的那些教授和学生。对那些当过汉奸的，哪怕学问再好，他也绝对不宽恕。

1945 年 7 月，当傅斯年以国民参政员的身份访问延安时，毛泽东曾和他有过一席长谈，并当面赞扬他在“五四”运动中的贡献。傅斯年却回答：“我们不过是陈胜、吴广，你们才是项羽、刘邦。”临行时，毛泽东曾手书北宋诗人钱惟演的诗句相赠：“不将寸土分诸子，刘项原来是匹夫。”

1950 年，傅斯年因突发脑出血，卒于台湾大学校长之任。不论生前信仰之争，不论诸多耀眼的头衔，也许终其一生，他只是一个“才士”。

青年才俊——罗家伦

19 世纪末的中国内忧外患，满清朝廷的腐败统治名存实亡。此时，

◎罗家伦

一些有识之士开始放眼世界，寻求变革图强的方法。在“师夷长技以自强”的想法驱动下，介绍西方新知识，开办新式学堂，派遣人员出洋留学成为教育改革的当务之急。

20世纪初年，朝野中的开明官员上书请求在北京设立大学堂，为近现代教育、文化和思想的开创制造了机遇。京师大学堂就是北京大学的前身，即中国近现代史上风云聚会的中心。五四时期的风云人物傅斯年、罗家伦等人都是这一时代机遇所造就的学生领袖。

1897年，罗家伦出生于浙江省绍兴柯桥镇。其父曾任江西进贤等县知县，思想比较进步。罗家伦幼年深受其父影响。1911年，15岁的罗家伦进入南昌英文夜校学习，随后考入上海复旦公学就读。

1911年，辛亥革命后，蔡元培就任民国教育总长，特别邀请学贯中西的严复担任京师大学堂的总监督，不久改为国立北京大学，仍以严复为监督。1916年底，蔡元培正式接任北京大学校长，开始对北大进行了大刀阔斧的改革。

1917年夏，北京大学在上海招生。罗家伦参加了这次入学考试。据说，当年北大在这次招生中，破格录取过一名学生。这名学生就是罗家伦。当胡适批阅罗家伦的作文试卷时，激赏地给了满分，但是翻阅这位学生的成绩单，却发现数学成绩得了个“大鸭蛋”，其他科也表现平平。按说，罗家伦的成绩没有达到招考分数线，不能被录取。但是，招生委员会和主持会议的蔡元培校长在看过罗家伦的作文后，都对破例录取该学生无异议。就这样，21岁的罗家伦进入了北大文科，主修外国文学。今天看来，当年负责招生的教授们果真是慧眼识英才。

罗家伦虽然是新潮派人物，却也常听守旧派大师的课。一次，辜鸿铭在英国诗歌的课堂上，大骂学生运动是暴徒的野蛮行为。罗家伦听后按捺不住火气，当堂质问道："辜先生，你写的《春秋大义》我们都很佩服。那你怎么说一套做一套，帮助外国人骂自己的爱国学生，这是何道理?"辜鸿铭先生没料到会有学生大胆到在课堂上反驳自己，一下子气得脸色发青，哆嗦着敲着讲台大喊："当年袁世凯的威胁我都不怕，我还能怕你?"

由此，年轻的罗家伦和辜鸿铭先生之间产生了矛盾。这种矛盾一直伴随着五四运动的发展。罗家伦甚至还给北大校方写过一封要求辞退辜鸿铭的建议信。而且，这封信最终成为了导致辜先生最终离开北大的原因之一。

当然，在北大教授中，罗家伦最常接触的是胡适和李大钊。因为这些开明、进步的教授给北大带来了极为难得的校园气氛，充满生机和活力。这种生机和活力，自然是源于新文化运动的朝气蓬勃，源自兼容并包的海纳百川。这番北大黄金时代的景象，也为五四运动的爆发打下了坚实的思想基础。

1919 年，在陈独秀、胡适的支持下，罗家伦与傅斯年、徐彦之成立新潮社，出版《新潮》月刊。同年，罗家伦当选为北京学生界代表，到上海参加全国学联成立大会，支持新文化运动。

不久，中国代表团参加第一次世界大战后的巴黎和会受辱。国内传来消息，美国威尔逊总统答应日本提出的无理要求，由日本全面接收德国在山东的所有权利，举国震怒。

5 月 4 日当天，北京的十几所学校数千名学生在天安门集合，预备游行示威活动。在游行中，罗家伦被推选为三位代表之一，到美、法、英、意各国公使馆递送书面意见。学生游行队伍沿路散发许多传单，其中最重要的《北京学界全体宣言》即由罗家伦起草。这份宣言是"五四"那天唯一的印刷品，它言辞铮铮地提出了"外争国权，内除国贼"的口号。

5 月 26 日，罗家伦在《每周评论》上发表了《五四运动的精神》一文。这是“五四运动”这一名词的第一次提出，并沿用至今。文章中，罗家伦指出，此番学运有三种真精神，可以关系到中华民族的存亡：第一，学生牺牲的精神；第二，社会制裁的精神；第三，民族自决的精神。

此时的罗家伦不过是一名 23 岁的青年学生，却能具有如此敏锐的视角和崇高理想，可见其不愧为当时北大学生中的佼佼者之一。

1920 年，蔡元培向南洋烟草公司筹得款项，亲自选出段锡朋、汪敬熙、罗家伦、康白情等优秀毕业生，送至美国留学深造。

许多年后，罗家伦在回忆起五四运动时，对校长蔡元培多有敬仰赞美之词。他说：“蔡先生是我心悦诚服的先生，不仅是学贯中西的淳儒和通儒，更是具备‘温良恭俭让’所有美德的君子。”

1920 年秋，罗家伦前往美国普林斯顿大学、哥伦比亚大学留学，后又去英国伦敦大学、德国柏林大学、法国巴黎大学学习。1926 年归国后，罗家伦立即投身轰轰烈烈的北伐战争。民国年间，他曾先后出任中央大学，清华大学校长之职。1969 年 12 月 25 日，因肺炎、血管硬化等并发症，罗家伦病逝于台北荣民总医院，享年 72 岁。

罗家伦于 1917 年进入北大，从此崭露头角。从现代文学史上的新文化运动和《新潮》的面世，到轰轰烈烈的五四学生运动，罗家伦可谓是当仁不让的主角之一。他在北大期间，所接触到的进步与守旧思想的交锋，开明和顽固人物的争辩，几乎涵盖了那个时代所有的历史线索。罗家伦成长的时代，正是中国遭受历史上空前的变革和震荡的时代。他作为一名站在风口浪尖上的弄潮青年，尽情地施展了自己的才华和追求。从这点来说，罗家伦是幸运的。

第五章

“五四人”忆“五四”

九十三年风雨如磐，一个世纪的沧海桑田。

那曾经激情如火的岁月，那曾经叱咤风云的少年。时光湮没了过往的一切，却无法抹除深入灵魂的记忆……

瞿秋白：五四前后中国社会思想的变动

◎瞿秋白

瞿秋白，时为北京俄文专修馆的学生，曾加入李大钊等人发起的马克思主义研究会。五四运动期间，他参加了学生游行活动，并领导参与了请愿活动。

1922 年，瞿秋白加入中国共产党，并在 1927 年 8 月至 1931 年 1 月间，两度担任中国共产党领导人。1934 年 2 月，瞿秋白被任命为中华苏维埃共和国中央政府教育部部长。中央红军长征后，瞿秋白在转移途中被俘，于 1935 年 6 月 18 日被国民党反动派杀害。

二十世纪的开始，是我诞生的时候，正是中国史上的新纪元。中国香甜安逸的春梦渐渐惊醒过来，一看已是日上三竿，还懒懒的朦胧双眼欠伸着不肯起来呢。从我七八岁时，中国社会已经大大的震颤动摇之后，那疾然翻覆变更的倾向，已是猛不可当，非常之明显了。幼年的社会生活受这影响不小，我已不是完全中国文化的产物，更加以经济生活的揉挪，万千变化都在此中融化，我不过此中一份而已。

……

从入北京到五四运动之前，共三年，是我最枯寂的生涯。友朋的交际可以说绝对的断绝。北京城里新官僚“民国”的生活使我受一重大的痛苦刺激。厌世观的哲学思想随着我这三年研究哲学的程度而增高。然而这“厌世观”已经和我以前的“避世观”不相同。渐渐的心灵现象起了变化。因研究国故感受兴趣，而有就今文学再生而为整理国故的志向，因研究佛学试解人生问题，而有就菩萨行而为佛教人间化的愿心。

……

五四运动陡然爆发，我于是卷入漩涡。孤寂的生活打破了。最初北京社会服务会的同志：我叔叔瞿菊农，温州郑振铎，上海耿济之，湖州张昭德（后两位是我俄文馆的同学），都和我一样，抱着不可思议的“热烈”参与学生运动。我们处于社会生活之中，还只知道社会中了无名毒症，不知道怎么样医治，——学生运动的意义是如此，——单由自己的体验，那不安的感觉再也藏不住了。有“变”的要求，就突然爆发，暂且先与社会以一震惊的刺激，——克鲁普德金说：一次暴动胜于数千百万册书报。同时经八九年中国社会现象的反动，《新青年》、《新潮》所表现的思潮变动，趁着学生运动中社会心理的倾向，起翻天的巨浪，摇荡全中国。当时爱国运动的意义，绝不能望文生义的去解释他。中国民族几十年受剥削，到今日才感受殖民地化的况味。帝国主义压迫的切骨的痛苦，触醒了空泛的民主主义的噩梦。

◎五四运动时的《新潮》杂志

学生运动的引子，山东问题，本来就包括在这里。工业先进国的现代问题是资本主义，在殖民地上就是帝国主义，所以学生运动倏然一变而倾向于社会主义，就是这个原因。况且家族农业经济破产，旧社会组织失了他的根据地，于是社会问题更复杂了。从孔教问题，妇女问题一直到劳动问题，社会改造问题，从文字上的文学问题一直到人生观的哲学问题，都在这一时期兴起，萦绕着新时代的中国社会思想。

我和菊农、振铎、济之等同志组织《新社会》旬刊。于是我的思想第一次与社会生活接触。而且学生运动中所受的一番社会的教训，使我更明白“社会”的意义。社会主义的讨论，常常引起我们无限的兴味。然而究竟如俄国十九世纪四十年代的青年思想似的，模糊影响，隔着纱窗看晓雾，社会主义流派，社会主义意义都是纷乱，不十分清晰的。正如久壅的水闸，一旦开放，旁流杂出，虽是喷沫鸣溅，究不曾自定出流的方向。其时一般的社会思想大半都是如此。我以研究哲学的积习，根本疑及当时社会思想的“思想方法”。……

此后北京青年思想渐渐的转移，趋重于哲学方面、人生观方面。也像俄国新思想运动中的烦闷时代似的，“烦闷究竟是什么？不知道。”于时我们组织一月刊《人道》（Humauite）。《人道》和《新社会》的倾向已经不大相同。——要求社会问题唯心的解决。振铎的倾向最明了，我的辩论也就不足为重；唯物史观的意义反正当时大家都不懂得。《人道》产生不久，我就离中国，入饿乡，秉着刻苦的人生观，求满足我“内的要求”去了。中国社会思想到如今，已是一大变

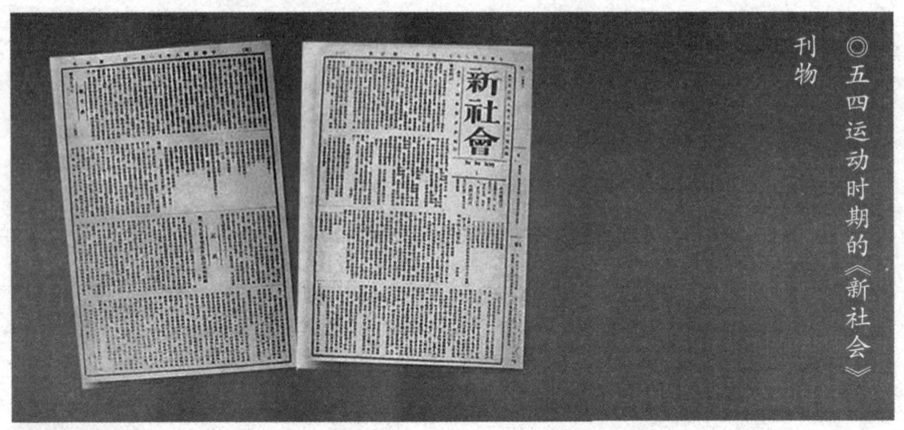

◎五四运动时期的《新社会》刊物

动的时候。一般青年都是栖栖皇皇寝食不安的样子，究竟为什么?无非是社会生活不安的反动。反动初起的时候，群流并进，集中于“旧”思想学术制度，作勇猛的攻击。等到代表“旧”的势力宣告无战争力的时期，“新”派思想之中，因潜伏的矛盾点——历史上学术思想的渊源，地理上文化交流之法则——渐渐发现出来，于是思想的趋向就不像当初那样简单了。……

我和诸同志当时也是漂流震荡于这种狂涛骇浪之中。

……

“思想不能尽是这样紊乱下去的。我们对社会虽无责任可负，对我们自己心灵的要求，是负绝对的责任的。唯实的理论在人类生活的各方面安排了几千万年的基础。——用不着我和你们辩论。我们各自照着自己能力的限度，适应自己心灵的要求，破弃一切去着手进行。……清管异之称伯夷叔齐的首阳山为饿乡，——他们实际心理上的要求之实力，胜过他爱吃‘周粟’的经济欲望。——我现在有了我的饿乡了，——苏维埃俄国。俄国怎样没有吃，没有穿，……饿，寒……暂且不管，……他始终是世界第一个社会革命的国家，世界革命的中心点，东西文化的接触地。我暂且不问手段如何，——不能当《晨报》新闻记者而用新闻记者的名义去，虽没有能力，还要勉强，不可当

《晨报》新闻记者，而竟承受新闻记者的责任，虽在不能确定的思潮中（《晨报》），而想挽定思潮，也算冒昧极了，——而认定‘思想之无私有’，我已经决定走的了。……现在一切都已预备妥帖，明天就动身，……诸位同志各自勉励努力前进呵！”

这是一九二〇年十月十五日晚十一二点钟的时候，我刚从北京饭店优林(Urin，远东共和国代表)处签了护照回来，和当日送我的几位同志说的话——耿济之，瞿菊农，郑振铎，郭绍虞，郭梦良，郭叔奇。

——摘自《瞿秋白选集》中的《饿乡纪程》

邓颖超：五四运动的回忆

邓颖超，中国妇女运动的先驱。五四运动时期，她和刘清扬、郭隆真、张若茗等人组织天津女界爱国同志会，并担任讲演队长。同时，她参与组织了进步青年团体觉悟社和领导天津学生的爱国运动。

◎邓颖超

一九一九年五四运动时，我才十六岁，正在天津直隶第一女子师范学校念书。今天谈起三十年前的往事，由于三十年不算短的时间和中国革命的曲折复杂经历，已经冲淡了我的许多记忆，现在仅就我能记得的谈谈：

那年五月四日，北京学生发动示威，要求“惩办卖国贼”、“拒绝凡尔赛和约”，学生们在激愤中发生了火烧赵家楼、怒打卖国贼的事件。次日消息传到天津，震动了天津各校的同学，纷纷议论，立即响应北京同学的爱国运动，在七日，天津学生就举行了示威，很快的组

◎天津学生游行示威场面

成了“天津学生联合会”，和以女学校同学为主的“天津女界爱国同志会”，随后又成立了“天津各界救国联合会”。当时我们只凭单纯的爱国热情，喊出的口号除了前面的两个以外，还有“取消二十一条”、“收回青岛”、“抵制日货”、“提倡国货”、“不做亡国奴”等等。当时北洋军阀政府对学生的爱国运动是采取镇压的政策，是用警察、刺刀、子弹、水龙扫射、殴打以至逮捕等各种办法压迫学生。我们在斗争中锻炼，逐渐提高了觉悟。又因第一次世界大战后的新思潮新文化很快地涌入古老的中国，苏俄十月革命的成功，也开始在中国青年中起了影响，这就给了五四运动以新的进步因素，使之向前发展。

五四爱国运动和新文化运动的本身是反帝反封建的性质，但当时，在我们的思想上还没有弄明确。直到一九二一年中国共产党成立以后，才明确地指出中国革命是反帝反封建的资产阶级民主革命。我们的认识也才逐渐地明确起来。五四时，我们也不知道“知识分子要与工农结合”，只知道列宁是苏联革命的导师、他是要为被压迫的工人和农民谋解放而已，不过我们当时的确也有一种自发的直觉认识，要救国需要冲破学生的圈子，救国不能单靠学生，必须要“唤醒同胞”。所以，我们很重视宣传工作，组织了许多讲演队。我当时就担任着“女界爱国同志会”的讲演队长，和“学生联合会”的讲演部长。我们的讲演队定期地经常地到各处讲演。在初期，女学生因受社会封建习俗的束缚，还不能和男学生一样地出现在街头讲演，而是限于在市内各宣讲所、民教馆，以及公共集会的场合。每次听讲的人都很多，我们讲的是要大家起来齐心救国，要达到惩办卖国贼的目的；讲述朝鲜亡国后，当亡国奴的惨痛；我们应有爱国开会的自由，抗议当时北洋政府对学生的迫害等等。我们讲的人，有时声泪俱下。听的人也很受感动。另外我们还作家庭访问，常到比较偏僻的地区和贫民区，挨家宣传。有的人家对我们很热情接待，有的人家就把大门一关、拒我们于门外。但我们碰了钉子一点不灰心，还是挨家敲门访问。记得那年暑假期内，有一次出发去天津西头讲演，回来时赶上倾盆大雨，每个人淋得和水鸡子一样，但同学们一点也不泄气，下次还是按时照样地去干。另一方面，我们也很重视文字的宣传和报纸的作用，由"天津学生联合会"出版了三日刊的"学生联合会报"，后来改为对开一大张的日报，和现在人民日报的篇幅一样大。每期销到二万份以上，是一个不小的数目。这个报的主编人就是周恩来同志。"女界爱国同志会"也出版了一个

◎1919年10月10日，天津各界集会游行示威。图为游行队伍

周刊。这两个报纸报道当时国内外的时事消息和全国各地的学生爱国运动消息及反压迫的斗争，还有社论和政治性的论文及文艺作品等等。

……

我们当时，虽然还不知道全心全意为人民服务，但是有满腔的爱国热情，为了救国、为了民族的独立、为了争取民主自由反对封建势力，有勇于牺牲一切、在所不计的革命精神。

随着五四爱国运动的发展，同时掀起了妇女解放运动，这也是五四的民主运动中一个主要内容，提出了“男女平等”、“反对包办婚姻”、要求“社交公开”、“恋爱自由”、“婚姻自由”、“大学开女禁”、“各机关开放任用女职员”等。在天津首先是把男女同学分别组织的学生联合会合并，共同工作。这件事在起初也是遇到了阻力的，女同学中也有不赞成的，有顾虑社会舆论不同情的，有怕合并后被人说男女混杂闹笑话的，但男女同学中的进步积极分子终于冲破了这些阻碍，勇敢的实行合并，并收到良好效果。当时男女同学间的相处都是极其自然坦白的，工作上是互相尊重平等的，大家一心一意忙着救国，忙斗争，在工作上竞赛，女同学不肯落后于人。女同学中的积极分子明白自己要作开路的人，就不能贻笑社会，挡住了后来人的路，一定要好好干，作出一个榜样来。

……

提起他们不禁引起了我对他们和无数革命烈士们的哀思和敬意，也充满着对敌人的仇恨。我们一定要踏着革命烈士的血迹前进，把革命进行到底。

——摘自《五四运动回忆录·上》

邓中夏：六三以后上海工人的大罢工

◎邓中夏

邓中夏，时任北京学生联合会总务干事，参与了火烧赵家楼的行动。1920年3月，在李大钊领导下，邓中夏、高君宇等人发起组织北京大学马克思学说研究会。同年10月，以马克思学说研究会的成员为骨干，发起组织了北京的共产党早期组织，李大钊被选为书记，邓中夏从此成为中国共产党最早的党员之一。

最值得我们注意的，是一九一九年赞助五四运动的爱国罢工。什么叫五四运动呢？当一九一九年各帝国主义列强在法国巴黎开大战后的所谓“和平”会议，这个会议是战胜目的帝国主义处分战败国的德国的会议，亦即重分世界市场的分赃会议，在这会议上中国山东问题也是被处分的一个。先是欧战以前，德国帝国主义侵略山东，租借青岛，建筑胶济铁路，并取得铁路附近之采矿权。欧战起，德国无力东顾，日本帝国主义以协约国资格，乘机攻陷青岛，强迫继承德国在山东的权利。但当时中国既对德宣战，则德国在山东的一切权利自应完全归还中国。然而帝国主义列强的巴黎和会，却硬把山东处分给日本。

此消息传至中国后，全国震惊，群情愤激，于是首先在北京发生空前未有的群众大示威运动。发动此次运动的是北京学生，时为五月四日，是谓五四运动。当日群众示威，愤怒之下，放火烧毁亲日派交通总长曹汝霖的公馆，又殴打驻日公使章宗祥。学生当向政府提出要求：“中国代表拒签巴黎和会条件”，并“罢免亲日派曹汝霖陆宗舆章宗祥三人官职”。政府当然不允，学生再接再厉，六月三日，举行全城沿街大讲演，政府下令逮捕学生一千余人。消息传至上海后，上海商人罢市，学生罢课，工人罢工，为北京学生声援。

此次参加罢工的：纺织厂方面，有内外棉第三，四、五厂，日华631纱厂，上海纱厂及叉袋角日本纱厂数家。金属业方面，有祥生船厂，船坞铜匠铁匠，江南船坞，铜铁机器工人，浦东和平铁厂，锐利机器厂，札新机器厂等。运输方面，有沪宁沪杭两路机师工人，浦口各轮船水手，沪南商轮公司等。市政工人方面，有南市电车，英美公司电车，全埠汽车夫，全埠马车夫，华洋德律风公司（属英国）接线人员，中国电报局，公共租界清道夫。其他的工人，有亚细亚美孚煤油栈，叉袋角大有榨油厂，荣昌火柴第一、二两厂，华昌梗片厂，华章造纸厂，商务印书馆印刷工厂，英美烟公司烟厂，查礼饭店工人，以及漆匠，泥水匠，洋行住户及西人饭店之执业者。总共人数无确实统计，大概有六七万人。罢工日参差不齐，有从六月五日罢工的，亦有在十一日才罢工的，十一日已得北京释放被捕学生和罢免曹、章、陆消息，于是商人开市，学生开课，工人开工。

其他各地工人参加此次运动不详，据我们所知道的，京奉铁路的唐山和京汉铁路的长辛店是加入了的，他们不仅仅有过大示威游行，而且还组织了团体，当然还只限于爱国的意义。

……

中国工人阶级的政治罢工开始于这一次，后来中国工人阶级能够发展自己阶级的独立力量与独立斗争，显然的此次罢工有很大的影响。自然后者是为当初资本家所不及料的。

这里还要附带说到一件事。就是工人是向来为所谓“上等社会”的老爷先生们所瞧不起的，但在此次运动中工人却表现了相当的力量，于是使得资产阶级的知识分子也不得不感觉这是一种力量，自然他们就想要来影响工人归附于他。

……

当然，还另有一种浪漫的小资产阶级的学生，或者可说是急进民主派的学生，他们却因在反帝国主义的斗争中，感觉到自己孤立，须要找一个共同奋斗的同盟军，这一同盟军在他们的实际经验中认为就是新兴的工人阶级。真的五四运动中有一部分学生领袖，就是从这里出发“往民间去”，跑到工人中去办工人学校，去办工会。这种小资产阶级的学生，自然接近于无产阶级，后来趋向于共产主义，以至于加入共产党。

——摘自《五四运动回忆录·上》

吴玉章：回忆五四前后我的思想转变

吴玉章，中国人民大学的创始人。五四运动时期，吴玉章逐渐接受科学社会主义思想，积极传播新文化新思想，组织马克思主义团体。

◎吴玉章

一、流亡法国，接触社会主义思潮

从一九一一年辛亥革命起，到一九一九年五四运动止，这是一段艰难困苦的斗争岁月。当时，辛亥革命的成果被袁世凯所篡夺，革命党的组织陷于土崩瓦解，中国天空上满布着黑暗的阴云。在辛亥革命以前，我们曾经抱着一个美丽的幻想，以为革命后的中国一定是一个民主、独立、统一、富强的国家。但是现实嘲弄了我们，中国人民所碰到的不是民主，而是袁世凯的专制独裁；不是独立，而是帝国主义的侵略和欺凌、蚕食和鲸吞；不是统一、富强，而是军阀们的争权夺利、鱼肉人民。

一九一三年七月，在孙中山先生的领导下，南京、上海、江西、安徽、广东、四川等地的国民党军队发动了反袁起义。我们深悔从前未能坚持建立革命政权，而把政权轻易地让给袁世凯，现在不得不在力量悬殊的情形下起来作斗争。我们还想凭着勇气和热情来挽救流产了的辛亥革命。但是起义各军准备不足，心志不齐，又未及时号召民众起来反对袁氏违法乱纪，只把注意力集中在军事行动上，结果，在袁世凯的强大军事压力下，起义好像昙花一现而失败。仅存在南方几省内的一点革命军事力量也被摧折殆尽。

起义失败后我还留在上海。我并不认为革命从此就完了，我相信袁世凯的统治是不会长久的，所以想隐蔽在上海，继续为革命做一点工作。但是袁世凯并没有放过我，指名说我是四川重庆熊克武反袁起义的策动人，对我下了通缉令。我在上海站不住脚，于一九一三年十一月亡命法国。

我在法国巴黎居住了两年多，思想上非常苦闷。“中华民国”成立了只有一年多，中国的政治局面就弄得那样糟糕，革命爱国之士或死或逃，我也被军阀撵到了外国，革命失败得真是再惨痛不过了。我时时刻刻惦念着中国的情形，希望革命火焰会再一次迅速地燃烧起来，把丑恶的军阀统治烧个干干净净。一九一四年春季我没有入学，痴心指望着很快地能再有一个回国参加斗争的时机。但是过了半年，国内没有一点革命发动的迹象，而且袁世凯还修改了民元约法，解散了国民党以及国会，担任了终身大总统，许多北洋派爪牙也纷纷

◎1914 年吴玉章(前右二)与同事合影巴黎

爬上了各省都督的位置。看起来袁世凯气焰嚣张，不可一世，我的归国希望暂时也不能实现，于是决心先埋头读书。辛亥革命以前，一九〇三年我初到日本时，决心要学一门科学，选的是电气工程，由日本成城中学毕业，考入第六高等学校，边学习边作革命工作，一九一一年毕业，未入大学即回国参加辛亥革命。我原来学的是工程技术，但由于国事日非，只得经常从事革命活动，深深感到“所学非所用”，于是进了巴黎法科大学，改学政治经济学。

亡命巴黎的两年多，看到了不少事情，接触了不少人物，长了不少见识。这时正是第一次世界大战爆发的时候，交战的两个帝国主义集团，彼此疯狂地屠杀，整个欧洲沉浸在血泊中，好像一个大屠宰场。世界资本主义制度的危机，已暴露无遗。同时，社会主义思潮风起云涌，各色各样的社会主义思想流派，盛行一时。一九〇三年我在日本东京曾经读过幸德秋水的《社会主义精髓》，感到这种学说很新鲜，不过那时候一面在学校紧张地学习，一面着重做革命的实际活动，对这种学说也没有进行深入的研究，就放过去了。这时，又重新看到这种学说，感到格外亲切。社会主义书籍中所描绘的人人平等、消灭贫富的远大理想大大地鼓舞了我，使我联想起孙中山先生倡导的三民主义和中国古代世界大同的学说。所有这些东西，在我脑子里交织成一幅未来社会的美丽远景。这个远景虽然是美丽的，但是如何能够实现它？我们当前应该做些什么？我仍旧是茫然的。我曾经和无政府主义者李石曾谈起这些问题，李石曾认为：“我们只要搞教育，宣传互助、合作，传播这种美丽的理想，努力去感化别人就好了。至于总统、皇帝及其他官职和议员，让人家去当没有关系。”我不同意他的意见，我说：“教育、宣传工作固然要做，但是组织工作也要做，没有强有力的组织，团结和培养人才，是干不了革命的，你不去侵犯皇帝、总统，人家就要侵犯你。”李石曾的思想是典型的克鲁泡特金的无政府主义主张，我从以往的革命实践中感到这种不要组织革命团体的主张根本是行不通的。仅仅有一个美丽的理想，而没有一套实现理想的革命方案和革命策略，那又有什么用呢？因此，我在法国虽然接触了一些社会主义的流派，但是它们并没有给我指明一条拯救中国的光明大道。

……

四、十月革命和五四运动带来了光明和希望

十月革命和五四运动给我们带来了光明和希望。十月革命刚发生的时候，一九一八年我在广州，由于帝国主义和北洋政府封锁消息，我们还不知道俄国已发生了一个开辟人类历史新纪元的伟大革命。但是消息是不可能长期被封锁住的，后来我就读到了约翰·里德写的《震动寰球的十日》，这本书对十月革命的过程描写得很生动。通过这本书，我了解到我们北方邻国已经建立了一个社会主义国家，建立了一个劳农政府，伟大的俄国人民已经摆脱了剥削制度，获得了真正的自由解放。从前我在法国接触了社会主义各种思想流派，深深为社会主义理想所吸引。今天这个理想居然在一个大国内开始实现了，心中感到无限兴奋和鼓舞。一九一九年，我资助几个学生到苏联去学习，希望他们能为中国带来新的革命理想和革命方法。但是后来联系中断了。直到一九二〇年，我一度去北京，碰到了王维舟同志，他本来在四川军队中工作，由于四川军内部要打仗，他不愿意参与，便交出了所率领的军队，到苏联会工作和学习了一年。一九二〇年八月间，他回到北京，对我比较详细地介绍了苏联的状况，使我对这个新起的伟大社会主义国家有了更全面的了解和更深厚的感情。当时苏联正处在国内革命战争的困难时期，物资非常缺乏。王维舟同志和我就在北京东安市场召集许多青年学生，开了一个俄灾救援会，向各方募捐，一下子就捐募到几万元钱，买了许多面粉和日用品寄往莫斯科。后来王维舟同志又到上海募了几万元。那时候中国人民对十月革命非常同情，人人都希望能出一分力量来支持苏联，所以我们的募捐能够有这样大的

成绩。

在十月革命的影响下，一九一九年发生了划时代的五四运动。五四运动前夕，正是第一次世界大战结束、巴黎和会召开的时候，中国以“战胜国”的资格参加和会。大家希望可以通过巴黎和会，收回日本在山东所占夺的权利。美国总统威尔逊也发表了花言巧语的“十四条”，其中也有主张民族自决的词句，伪装同情殖民地人民的悲惨遭遇。当时中国人民对巴黎和会大多抱着幻想。可是和会上帝国主义的弱肉强食、毫无公理和阴谋欺诈等等再一次地从反面教育了中国人民。日本帝国主义蛮横地坚持要继承德国在山东的一切权利和我卖国贼订定的一切条件，伪善的美帝国主义不仅帮着日本说话，反怪中国何以在山东问题上有“欣然同意”的签字，以逃避他的责任。结果，和会决议：德国在山东权利一概让与日本。中国以“战胜国”的资格却得到“战败国”的待遇。

山东问题交涉失败的消息传来，全国愤激。一九一九年五月四日，北京首先发生了爱国示威运动，惩罚了卖国贼，各地纷起响应。雄伟的工人和学生的队伍走上了街头，全国范围内激扬起反帝反封建的伟大浪潮。这是真正激动人心的一页，这是真正伟大的历史转折点。从前我们搞革命虽然也看到过一些群众运动的场面，但是从来没有见到过这种席卷全国的雄壮浩大的声势。在群众运动的冲击震荡下，整个中国从沉睡中复苏了，开始散发出青春的活力，一切反动腐朽的恶势力，都显得那样猥琐渺小，摇摇欲坠。以往搞革命的人，眼睛总是看着上层的军官、政客、议员，以为这些人掌握着权力，千方百计运动这些人来赞助革命。如今在五四群众运动的对比下，上层的社会力量显得何等的微不足道。在人民群众中所蕴藏的力量一旦得到解放，那才真正是惊天动地、无坚不摧的。特别是一向被人轻视的工人群众也发出了怒吼，像上海那样的大都市，六月五日开始一声罢工、罢市令下，整个城市的繁华绮丽顿时变成一片死寂，逼得北洋军阀政府不得不于九日免去卖国贼曹汝霖、章宗祥、陆宗舆的官职。工人阶级的奋起，这是一支真正能制一切反动派于死命的伟大生力军。这时中国工人阶级登上了政治舞台，革命的性质完全不同了。

处在十月革命和五四运动的伟大时代，我的思想上不能不发生一种非常激烈的变化。当时我的感觉是：革命有希望，中国不会亡，要改变过去革命的办法。虽然，这时候我对中国革命还不可能立即得出一个系统的完整的新见解，但是通过十月革命和五四运动的教育，必须依靠下层人民，必须走俄国人的道路，这种思想在我头脑中日益强烈、日益明确了。

——摘自《五四运动回忆录·上》

郭沫若：回忆五四前后的思想和文化活动

◎郭沫若

郭沫若，中国新诗奠基人，继鲁迅之后公认的文化领袖。五四时期的代表作诗集《女神》摆脱了中国传统诗歌的束缚，充分反映了“五四”时代精神，在中国文学史上开拓了新一代诗风，是当代最优秀的革命浪漫主义诗作。

转瞬便是一九一九年了。绵延了五年的世界大战告了终结，从正月起，在巴黎正开着分赃的和平会议。因而“山东问题”又闹得甚嚣且尘上来了。我的第二篇的创作《牧羊哀话》便是在这时候产生的。

……

不久之后，五四运动的风潮便澎湃了起来。那在形式上是表示为民族主义的自卫运动，但在实质上是中国自受资本主义的影响以来所培植成的资本主义文化对于旧有的封建社会作决死的斗争。自从那次运动以后，中国的文化便呈出了一个划时期的外观。

在那年的六月，福冈的同学，有几位集合了起来组织过一个小团体，名叫夏社。这夏社是我所提议的名字，因为我们都是中国人，结社是在夏天，第一次的集会是在一位姓夏的同学家里，我们的目的是抗日，要专门把日本各种报章杂志的侵略中国的言论和资料搜集起来，译成中文向国内各学校，各报馆投寄。由几个人的自由的捐献，买了一架油印机来作为我们的宣传武器。但是这个团体结成以后，同学们都不会做文章，只让我和陈君哲两个人担任。君哲只做了一篇东西，在暑假期中他又回浙江去了，因此便只剩下我一个人做了油印机的保管者和使用者。我在暑假中也发过好几次稿，都是自己做，自己写蜡纸，自己油印，自己加封投寄。

因为在做这种义务的通信社工作，国内的报纸便至少不能不订阅一份。我们订的是上海《时事新报》。那个报纸在五四运动以后很有革新气象，文艺附刊《学灯》特别风行一时。订报是从九月起，第一次寄来的报纸上我才第一次看见中国的白话诗。那是康白情的一首送什么人往欧洲。诗里面有“我们叫得出来，我们便做得出去。”（大意如此，文字当稍有出入。）我看了不觉暗暗地惊异：“这就是中国的新诗吗？那么我从前做过的一些诗也未尝不可发表了。”我便把我一九一八年在冈山时做的几首诗，《死的诱惑》、《新月与白云》、《离别》，和几首新做的诗投寄了去。这次的投机算投成了功，寄去不久便在《学灯》上登了出来。看见自己的作品第一次成了铅字，真是有说不出来的陶醉。这便给予了我一个很大的刺激。在一九一九的下半年和一九二〇的上半年，便得到了一个诗的创作爆发期。

……

但使我的创作欲爆发了的，我应该感谢一位朋友，编辑《学灯》

的宗白华。我同白华最初并不相识，就由投稿的关系才开始通信。白华是研究哲学的人，他似乎也有嗜好泛神论的倾向。这或许就是使他和我接近了的原因。那时候，但凡我做的诗，寄去没有不登，竟至《学灯》的半面有整个登载我的诗的时候。说来也很奇怪，我自己就好像一座作诗的工厂，诗一有销路，诗的生产便愈加旺盛起来。在一九一九年与一九二〇年之交的几个月间，我几乎每天都在诗的陶醉里。每每有诗的发作袭来就好像生了热病一样，使我作寒作冷，使我提起笔来战颤着有时候写不成字。我曾经说过："诗是写出来的，不是做出来的。"便是当时的实感。但到一九二〇年的四五月间白华到德国去了，《学灯》的编辑换了人，我的诗潮也就从此消涸了。

我之得以认识田寿昌是由白华的介绍。田寿昌和宗白华都是当时少年中国学会的会员，是五四运动后所产生出的新人。寿昌也往日本留学，在东京高等师范读书。他那时已在介绍俄罗斯文学，又在议论着诗人和劳动问题。据我所知，他是受了日本文坛的影响，同时不消说也就间接地受了俄罗斯革命的影响。一九一七年俄罗斯的十月革命一成功，在各国的劳工运动上和文化运动上有一个划时期的促进。日本思想界之一角显著地呈出了左倾色彩的，便是从那时候起头。在当时日本比较进步的杂志《改造》和《解放》，继续发刊了。

……

就在宗白华往德国留学的时候，我自己却是想跑回中国。五四以后的中国，在我的心目中就像一位很葱俊的有进取气象的姑娘，她简直就和我的爱人一样。我的那篇《凤凰涅槃》便是象征着中国的再生。"眷念祖国的情绪"的《炉中煤》便是我对于她的恋歌。《晨安》和《匪徒颂》都是对于她的颂词。特别是《匪徒颂》，那是对日本新闻界的愤慨，日本记者称五四运动以后的中国学生为"学匪"，为抗议"学匪"的诬蔑，便写出了那首颂歌。在五四以后的国内青年，大家感受着知识欲的驱迫，都争先恐后地跑向外国去的时候，我处在国外的人

却苦于知识的桎梏想自由解脱，跑回国去投进我爱人的怀里。我那时候想回国去，也并没有多么大的野心。就像泰戈尔的《园丁集》里那个只想替女王拉上鞋跟的园丁一样，我是只想跑回中国去，在那儿的中、小学校里当一名国文教员。

——摘自《五四运动回忆录·上》

冰心：回忆五四

冰心，原名谢婉莹，著名诗人、作家、翻译家、儿童文学家，时为协和女子大学学生。在“五四”影响下，她转入文学系学习，曾被选为学生会文书，投身学生运动。

新中国成立后，冰心曾任中国民主促进会中央名誉主席，中国文联副主席，中国作家协会名誉主席，中国翻译工作者协会名誉理事等职。

◎冰心

五四运动，说起来整整六十年了，光阴过得多快！当“五四”时期，自己还很年轻的时候，幻想六十年之后，自己一定不在了，但中国的前途，一定是想象不到地美好与光明。

……

当时十九岁的我，一九一九年在北京确曾参加过五四运动，但即使在本校我也不是一个骨干分子。那时我是北京协和女子大学理预科一年级的学生，学生自治会的“文书”。在五四运动的前几天，我就已经请了事假住在东交民巷的德国医院，陪着我的动了耳部手术的二弟。

“五四”那一天的下午，我家的女工来给我们送东西，告诉我说街上有好几百个学生，打着纸旗在游行，嘴里喊着口号，要进到东交民巷来，被外国警察拦住了，路旁看的人挤得水泄不通。

黄昏时候又有一位亲戚来了，兴奋地告诉我说北京的大学生们为了阻止北洋军阀政府和日本签订出卖青岛的条约在天安门聚集起浩大的游行队伍，在街上呼口号撒传单，最后涌到卖国贼章宗祥的住处，火烧了赵家楼，有许多学生被捕了，我听了又是兴奋又是愤慨，她走了之后，我的心还在激昂地跳，窗外刮着强劲的春风，槐花的浓香熏得我头痛！

我对于蚕食鲸吞我国的那些帝国主义列强早就切齿痛恨了，尤其是日本帝国主义。我的父亲在我刚会记事的年纪，就常常愤慨地对我讲过：“你知道我们为什么要住到烟台来吗？因为它是我国北方的唯一港口了！如今，青岛是德国的，威海卫是英国的，大连是日本的，只有烟台是我们可以训练海军军官和兵士的地方了！”父亲在年轻时曾参加过中日甲午海战，提起日本帝国主义时，他尤其愤激。我记得当一九一五年，日本军国政府向正想称帝的袁世凯，提出二十一条要求之后（那时我还是中学一年级的学生，我和贝满女子中学的同学们列队到中央公园——现在的中山公园——去交爱国捐，我们的领队中，就有李德全同学，那时她是四年级生，她也上台去对大家演讲。那天，社稷坛四周是人山人海，我是第一次看到那样悲壮伟大的场面），在父亲的书房里，就挂上一幅白纸，是当时印行的以岳武穆（飞）字迹摘排出来的，“五月七日之事”，就是纪念那一年的国耻的。

“五四”这一夜，我兴奋得合不上眼，第二天就同二弟从医院回家去了。到学校一看，学生自治会里完全变了样，大家都不上课了，都站在院子里面红耳赤地大声谈论，同时也紧张地投入了工作。我们的学生会是北京女学界联合会之一员，我也就参加了联合会的宣传股。出席女学界联合会和北京学生联合会的，都是些高班的同学，我们只做些文字宣传，鼓动罢课罢市，或对市民演讲。为了抵制日货，我们还制造些日用品如文具之类，或绣些手绢去卖。协和女大是个教会学校，一向对于当前政治潮流不闻不问，而这次波澜壮阔的爱国力量，终于冲进了这个校园，修道院似的校院，也成了女学界联合会代表们开会的场所了。同学们个个兴奋紧张，一听见什么紧急消息，就纷纷丢下书本涌出课堂，谁也阻挡不住。我们三五成群地挥舞着旗帜，在街头宣传，沿门沿户地进入商店，对着怀疑而又热情的脸，劝说他们不要贩卖日货，讲着人民必须一致奋起，反对日本帝国主义的侵略压迫，反对军阀政府卖国行为的大道理。我们也三三两两地抱着大扑满，在大风扬尘的长安街，在破敝黯旧的天安门前，拦住过往的人力车，请求大家捐些铜子，帮助援救慰问那些被捕的爱国同学。我们大队大队地去参加北京法庭对被捕学生的审讯。我们开始用白话文写各种形式的反帝反封建的文章，在各种报刊上发表。

……

但是作为一个大学里的小学生，我还是有点胆怯，我用“冰心”这个笔名投稿，一切稿子都由刘放园先生转交，我和报刊编辑者从来没有会过面。这时我每写完一篇东西，必请我母亲先看，父亲有时也参加点意见。这里应当提到我的父母比较开明，从不阻止我参加学生运动。我的父亲对于抗日救国尤其热心，有时还帮我修改词句。例如在我写的《斯人独憔悴》里，那个爱国青年和他的顽固派父亲的一段对话，就有好几句是我父亲添上的！我们是一边写，一边笑，因为那个老人嘴里的话，都是我所没听过的，我觉得很传神。

这时我写东西，写得手滑了，一直滑到了使我改变了我理想中的职业。

……

在一九五九年四月，我已经写过一篇《回忆“五四”》的短文，在那里我曾歉疚地承认过，由于我的家庭出身和教会学校的教育，以及我自己的软弱本质，使得我没有投身到火热的政治革命中去，使得五四运动对我的影响，仅仅限于文学方面——即以新的文学形式来代替旧的文学形式，等等。但在今天，我又想，一个人不是生活在真空里，整个潮流在前进，决不容一朵小小的浪花，沉滞在中流，特别是经过了这曲折的六十年，我更认清、看准了，在我们前面高高照耀的科学与民主这两盏明灯。如今，我的岁月和力量是有限的，但我仍当为我们能拿到、举起这两盏照耀我们社会主义祖国光明前途的明灯，尽上我最大的力量！

——摘自《文艺论丛》

管易文：五四时期参加赴京请愿活动的回忆

◎管易文

管易文，五四运动期间，他曾与马骏、郭隆真、邓颖超等一起，组织“天津学生联合会”，举行罢课游行，反对签署丧权辱国的“二十一条”，并参加赴京请愿团，遭到反动军阀政府的逮捕。

1919年五四运动爆发时，我正在天津直隶第一师范学校读书，当时的姓名是关锡斌。

天津的学生爱国运动是由天津南开中学马骏、北洋大学谌小岑、高等工业学校谌志笃、直隶第一女子师范学校郭隆真、邓文淑（邓颖超）等人发动起来的，周恩来同志当时正在日本留学，回国后即参加领导天津的学生运动，并创办了《天津学生联合会报》，积极推动学生爱国运动的开展，并唤起各界爱国人士一致行动。

1919年8月，山东济南发生山东军阀马良镇压学生运动、枪杀爱国人士的惨案，激起天津学生和各界爱国人士的极大愤慨。天津各界联合会组织了一个赴京请愿代表团，于8月23日会同北京和山东的代表3000余人到北京新华门（那时有围墙，东西两边各有三座门），向总统徐世昌请愿。徐世昌闭门不见，一直相持到晚上。我和郭隆真登上三座门旁的栏杆上，对总统府大声疾呼，叫徐世昌出来。我还对持枪军警说：“我们都是爱国学生，要救国，你们军警为什么包围我们？你们为几块钱，便做看门狗，给压迫你们的人看门！”有几个军警听了就把枪放下了。这时忽然有一个警官用枪托猛打我的头部，头破血出。张若茗、张嗣婧等人急忙将我送到米市大街青年会三楼，包扎好伤口后，嘱我不要出去。但在他们走后，我又到新华门去了。

这次赴京请愿归来后，周恩来、马骏、谌志笃、郭隆真、邓文淑、谌小岑、张若茗、李锡锦和我等人研究，必须加强组织，共同奋斗，才能救国。于是发起成立了“觉悟社”。“觉悟社”于1919年9月在草厂庵学生联合会地址召开第一次会。参加的有南开中学的周恩来、马骏、潘世纶、薛撼岳、李震瀛，高等工业学校的谌志笃，北洋大学的谌小岑，直隶第一女子师范的郭隆真、邓文淑、李毅韬、张若茗、郑漱六、张嗣婧、刘清扬等。“觉悟社”由周恩来、马骏、谌志笃、郭隆真、邓文淑领导，成为领导天津学生运动的核心力量。

同年9月下旬，为抗议山东军阀马良杀害爱国人士，山东、江苏、湖南、湖北等省，联络天津各界人士再次赴京请愿。天津代表中，学生有郭隆真、张若茗、薛撼岳、黄爱等，各界代表有马千里、时子周、冯复光等。10月1日，代表们到新华门，要求面见总统徐世昌，徐派出总统府参议曾毓隽出来敷衍应付，被代表们碰了回去。到了晚上六七点钟，突然来了军警多人，用旧式的所谓“轿车”（一马两轮的马车，仅容两人可坐）十余辆，将代表32人强行装入车中，我和黄爱同被塞入一车。然后押送到警备司令部（在现王府井协和医院前右侧路北)，每十人住在一间看守房间。在看守所中我和黄爱经常谈及日本帝国主义侵略我们日甚一日，都感到实在不能容忍，我说：“与其苟且图存，遗羞万古，何若大张挞伐，以决雌雄。不幸而败，虽败犹荣，再不幸而灭亡，虽亡不辱。”我们还向看守我们的军警聊天说：“我们是爱国的学生，我们反对日本逼签出卖我国主权的‘二十一条’，这有什么过错？为什么要把我们关进来。我们都有父母兄弟亲人，你们为了几块钱为卖国贼欺压人民，心里难过不难过？”有一位姓戴的警察对我耳语说：“现在外界各方要援助你们，闹得很凶，不久可能放你们出去，有什么信我可以带出去。”我们与外面联系后，知道正在援救我们。不久，在被拘禁30多天后，警备司令吴炳湘决定放我们。我们就问他：“你凭什么把我们抓进来？为什么现在又要放？我们不走！”吴奸笑地说：“不是逮捕你们，因为你们代表在外面游行讲演太累了，到这里可以休息一下，你们不是都胖了吗！”我们气愤极了，说：“卖国贼这样压迫人，早晚不得好下场！”最后，他们用大车将我们强行押送放出。

释放出来以后，郭隆真对我说：“你这样激烈怒骂徐世昌等，放出以后，他们还会用别的借口和方法处治你。”我说：“我失去了父母，经亲友协助进入师范学校读书，现在毫无办法……。”一位同难的戴君说：“最近中法勤工俭学会招生到法国半工半读，我们大家想法资助你。”于是在1919年12月9日我乘法轮金字塔号离上海去法。这是第二批去法的，约150余人。徐老特立亦乘此船赴法，经香港、海防、科伦坡、吉布提，通过红海、苏伊士运河到地中海，在马赛港登陆，乘火车到巴黎，同徐老分配到巴黎东郊莫兰书院补习法文，开始了解法国情况和世界知识。

1920年周恩来同志也到了法国。周恩来同志曾对我说：“你太过于感情化，要改造中国是不能这样的。”至今仍无一日能忘这一句箴言。

——摘自《天津文史资料选辑》第3辑

何思源：五四运动的回忆

何思源，五四运动期间，为“新潮社”前期成员之一，并参加了天安门前的集会及后来的一些爱国斗争。

我于1915年考进北京大学预科，三年后转文科哲学系，并担任一个班的学生班长。当时各班学生很少，我那个班16人，算是较大的班了。五四运动时，我参加了游行示威。

……

1916年冬，蔡元培来当校长。蔡是前清的翰林，参加辛亥革命，当过孙中山先生南京临时政府的教育总长。国民党反袁失败后，流亡海外，袁死后回国。他是一个资产阶级自由主义者。到校后不久，宣布办学宗旨是“兼容并包”，提倡思想自由，人各发挥所长，提倡自由讨论。在他主持下的北京大学，各种学派都可开课，各种思潮可以自由宣传，自由辩论。他所聘请的教授，包括各种倾向的人物，既有激进的宣传马克思主义的李大钊、陈独秀；也有美国资产阶级实用主义者的信徒胡适；有讲佛教哲学的梁漱溟；有穿着清朝袍褂、拖着长辫子的封建遗老辜鸿铭。我在北大时，听过李大钊讲《唯物史观》的课，何炳松讲西洋史。我曾向李大钊建议把何的讲稿印成讲义，向听课的同学分发。

◎何思源

在“学术思想自由”的口号下，各种社团如雨后春笋般地出现，像哲学会、雄辩会、音乐传习所、体育会、武术会、数理研究会、书法研究会、画法研究会等等。各种刊物也纷纷出版，其中最著名的有

《新青年》、《新潮》、《每周评论》、《国民杂志》等；也有坚持守旧的刊物，如《国故》、《论衡》。各种社团、刊物风起云涌，蓬勃发展，对全国思想界发生极大影响。1918 年 10 月，红楼盖好，我们搬过去，出版了《北京大学日刊》。有一天，《日刊》上登载两篇文章，一篇是蔡元培的改用白话文、提倡新文学的文章；一篇是林琴南坚持用文言、反对白话文的文章。这是蔡元培用行动贯彻他的自由讨论主张的表现。我记得该期《日刊》出版时，北大红楼前院挤满了人，争相购买，有的一人购买几十份，以至上百份，霎时间几千张报纸就被抢购一空，后来者只好向隅。

这样，就为新思想传播创造了有利的条件，也为五四运动作了思想上的准备。

1918 年 5 月 7 日，中国留日学生抗议中日军事秘密协定，举行集会，遭到日本军国主义者的残酷镇压，全体留日学生罢课回国。5 月中旬，归国学生代表李达、龚德柏等到了北京，和北京学生会晤。经过几天奔走酝酿，北京学生于 5 月 21 日发动了向反动统治当局请愿运动。当时推出向公府（即总统府）请愿的代表八人，其中北大三人：许德珩、易克嶷、段锡朋。这是中国学生第一次请愿运动，为五四运动的前奏。

……

由于游行学生被捕，又展开了罢课斗争。5 月 6 日成立了北京中等以上学校学生联合会。会址设在马神庙北京大学第二院。这个组织在此后的运动中发挥了很大的作用。当时的学生运动，北大站在最前列，北京和全国的学校都唯北大马首是瞻，所以有一个口号：“罢不罢，看北大。”

6 月 3 日，反动的北洋军阀政府大举逮捕学生，关押在北大文、理、法三院，这就更加激起广大群众的愤怒，引起了更大规模的罢课。

北京学生示威消息很快传遍全国，天津学生首先响应，接着南京、上海、武汉、浙江、山西、湖南、福建、两广等处学生，也都纷纷起来响应。6 月 3 日，上海各界举行民众大会，号召全国罢工罢市来援助学生。这样，五四运动就从知识分子的范围，扩大到工商各界，形成了全国规模的空前广泛的群众运动高潮，犹如烈火燎原，不可遏止。

至此，反动的北洋军阀政府被迫不得不释放全部被捕学生，下令免去卖国贼曹汝霖、章宗祥、陆宗舆三人的职务，并去电巴黎，令出席和会的中国代表顾维钧、王正廷拒绝签字。五四爱国运动取得了伟大的胜利。

五四运动时，我出于爱国热情，特别由于我是山东人，五四运动直接由山东问题引起，所以我曾积极地参加了游行、宣传等活动。在运动前后写过九篇文章，分别刊登在《新青年》、《新文学》、《新潮》等刊物上。现在还能记起的：在《新青年》上我写的是《金钱的崇拜》，在《新潮》上我写的是《如何思维?》，在《新文学》上我写过一篇《新唯实主义》。

……

1921 年冬，我在法国留学。1922 年太平洋九国会议讨论中国与日本的问题时，要中国与日本在会外单独协商，中国与日本各派代表七人。国内打电报叫我代表山东学生，力争不准中、日会外单独协商，要由大会通过。我和段锡朋、童冠贤、罗家伦、吴之椿等在华盛顿参加了中国留学生向中国出席九国会议的代表团的请愿游行。学生们堵住中国公使馆的门口。我向中国政府代表团团长施肇基及代表顾维钧等说：“你不答应我们的要求，今天就不许你出这个门。”施肇基说：“你来参加当一个代表好不好？”我当时一只手插入衣袋，美国警探疑心我要掏武器，就立即把我包围起来。施肇基对警探说：“这是我们自己的事，你们散开吧。”

我在欧美留学七年，1926 年回国后在广州中山大学任教二年。当时鲁迅在中山大学任教务主任兼文学系主任。傅斯年任哲学系主任兼文科主任。我代理经济学系主任兼图书馆馆长，经常出席由鲁迅主持的教务会议。1927 年夏，中山大学的领导权已被国民党右派戴季陶、朱家骅等窃夺。作为五四运动开始的中国新文化运动的主将鲁迅先生在中山大学同国民党右派势力的代表朱家骅、傅斯年等展开了激烈的斗争。

……

1948 年，我当国民党北平市长时，曾到赵家楼去看了一下，原来的曹宅已成为一块空地，尚未盖房。回忆五四时的情景，我的感情是复杂的。当时，北平的学生在中国共产党领导下进行反内战、反饥饿、反迫害的游行示威。我意识到自己已经走到学生运动的对立面了。许多小报的记者问我作何感想，我说："我当学生时曾参加过三次游行示威运动。学生运动是青年人的事，我现在年纪大了游不动了，但是不要怕学生游行。学生们的热情发挥出来了，回家吃饭，就自然平息了。"从那时起，我已觉悟，我的前半生弯路不应再走下去了，决定辞职不干。1948 年冬，我参加了和平解放北平的运动。解放后我在共产党的教育和指导下，才真正给人民做了一些有益的事情。我曾对台湾广播 14 次；经中国新闻社向国外发稿约 4 万字；编中法字典、编德语文法 400 页；出版了《天文学与天体照相学》（从俄文版译的）、《卡尔·马克思》（译自德文青年读物）、《保罗·郎之万》（译自德文本）、《西藏纪行》等译著。共写、译文章 48 篇。

——摘自《从辛亥革命到北伐战争》

第六章

探索信仰的年代

在五四运动的风雨雷电下，全国的青年都经历了一次从身体到灵魂的洗礼。脱胎换骨的青年们开始重新认识中国社会。热血激荡的心并没有因为卖国贼的罢免和合约的拒签而恢复平静。他们已经无法继续忍受眼前死水般的现实生活，迫切地需要创造一种全新的社会。强烈的愿望促使他们不断探索，探索不灭的信仰……

新文化运动的新发展

20 世纪初是中国饱经屈辱的时期，也是中华民族奋起抗争，不断寻找救国之路的时期。期间，有轰轰烈烈的农民起义、有效法日本“明治维新”的变革、也有学习西方资本主义的尝试。可是，这些方法都失败了，中国社会的特殊环境无法照搬任何成熟的政治理论。直到俄国爆发了十月革命，炮声惊醒了正在寻找出路的中国人，一些有识之士开始将目光投向了马克思主义。

五四运动，以其划时代的意义瞩目于世，涉及全国 20 多个省份的大多数城市，及数千万民众的广泛参与。经过 1919 年的这次洗礼，马

◎新文化运动的发展地——北大红楼

克思主义思想在进步知识分子中间得到迅速传播，并且酝酿了一批具有初步共产主义思想的知识分子，李大钊、陈独秀、瞿秋白等人就是其中的突出代表。

当《共产党宣言》在欧洲掀起风暴的时候，古老的中国刚刚经历了鸦片战争的失败，逐渐沦为半殖民地半封建社会。此时腐朽落的中国并不具备发展马克思主义的条件。

早在1905年，民主革命先行者孙中山先生，就曾到共产国际的驻地布鲁塞尔访问。他自称是中国的社会主义者，并向共产国际负责人介绍了中国的斗争情况。孙中山认为中国可以早于西欧国家踏入社会主义，希望共产国际可以接纳中国成员。然而，此时的共产国际并不关注中国这样一个处于殖民地边缘的落后地区，冷漠地拒绝了孙中山的申请。

俄国十月革命的发生，使世界形势发生了根本性的变化。翻天覆地的胜利证明了马克思主义的正确性和共产国际的错误。

中国第一个接受和传播马克思主义的是李大钊。从1918年至五四运动前夕，李大钊连续发表了数篇宣传十月革命和布尔什维克主义的

文章，像著名的《庶民的胜利》、《布尔什维克的胜利》等等。

1919 年 5 月过后，李大钊又在《晨报》开辟了“马克思研究”专栏，发表了《我的马克思主义观》等文章，系统地介绍了马克思主义的唯物史观、政治经济学以及科学社会主义思想。

马克思主义在中国的传播，最直接的后果就是培养了第一代马克思主义者。毛泽东、瞿秋白、邓中夏等大批先进知识分子成为了传播马克思主义的先锋。甚至五四运动之后，在国内形成了一股宣传马克思主义的高潮。

之所以将马克思主义归入新文化运动发展的新内容，是因为马克思主义在传入中国后，促使新文化运动发生了极大不同。五四运动前发生的新文化运动，仅仅局限于占人口比重极少的知识分子群体内。同时，那时的新文化运动斗争方向是思想文化领域，远离政治。1919 年以后，五四运动推动新文化运动和政治斗争结合在一起，发挥出巨大的力量。五四后出现的各种以改造社会为目的的社团，就是这一情况的明显标志。

可以说，马克思主义是催化剂，加速了中国民主革命的进程。新文化运动的发展为五四运动奠定了思想基础，而五四运动又推动了新文化运动的继续发展。从此，马克思主义开始逐渐在中国的思想领域占据主导地位。

“乌托邦”在中国的幻灭

1920 年初，五四运动的风暴渐渐止息，生活似乎又要回到往日的轨道上。一个严峻的问题摆在了五四运动领导者们的面前，那就是斗争目标的确认。

众所周知，五四运动的直接目标就是罢免曹、章、陆和拒签合约，这些已经取得了胜利。但这不是彻底的胜利，只要中国仍处于军阀的统治下，卖国贼还会出现，拳拳爱国心的学生仍会无辜被捕。

早在五四期间，陈独秀和李大钊等人在《北京市民宣言》中提出，“求社会之根本改造”。随之，越来越多的有识之士开始提出推翻军阀政府，图谋根本改造社会的设想。

但是，究竟该如何改造，应该建立一个什么样的新社会？现实再次将难题摆在世人面前。一时众说纷纭，莫衷一是。

在当时，除资本主义学说外，人们将巴枯宁的无政府主义、托尔斯泰的泛劳动主义、伯恩斯坦的议会主义等思想学说，通通归为社会主义流派。在众多学说中，空想社会主义以其描绘的美妙前景，吸引了大批青年的追捧。

空想社会主义，又称乌托邦社会主义，是产生于资本主义生产状况和阶级状况尚未成熟时期的一种社会主义学说，也是现代社会主义思想的来源之一。空想社会主义者相信在不久的将来可以建立理想的意识形态社会，并为之不懈努力奋斗。这种学说最早见于16世纪托马斯·莫尔的《乌托邦》一书，盛行于19世纪初期的西欧。

19世纪早期，出现了空想社会主义著名代表人物，他们是法国的圣西门、傅立叶和英国的欧文。他们深刻揭露了资本主义的罪恶，对未来的理想社会提出许多美妙的天才设想，企图建立“人人平等，个个幸福”的新社会。这些思想对启发和提高工人的觉悟起了重要作用。但是，空想社会主义只是一种不成熟的理论，反映了正在成长中的无产阶级最初的、还不明确的愿望。他们不能揭示资本主义的根本矛盾和发展规律，不懂得阶级斗争，不认识无产阶级的历史使命，所以他们的社会主义只能是一种无法实现的空想。当无产阶级成长为独立的政治力量，就需要有一个建立在科学基础上的革命理论来代替它。

1824年，英国空想社会主义家欧文，在美国的印第安纳州买下1214公顷土地，建立了“新和谐公社”，进行空想社会主义实践。公社实行生产资料公共占有、权利平等、民主管理等原则。但“和谐公社”最终以欧文耗光积蓄而宣告失败，“乌托邦”理想也随之破灭。

1919 年 12 月 4 日，少年中国学会执行部主任王光祈，在北京《晨报》发表了一篇名为《城市中的新生活》的文章。文章中倡议实行一种“城市中的新生活”。王光祈把这种“新生活”命名为工读互助团。这可以说，是一种典型的中国式空想社会主义的尝试。

工读互助团受到社会的广泛支持，其中教育界人士居多，包括李大钊、蔡元培、陈独秀、胡适、罗家伦、周作人等人。近百人向工读互助团发起捐款。王光祈很快筹集到足够的启动资本。不久，工读互助团正式开张了。

工读互助团的《简章》中规定，务必贯彻 3 个原则：公有制，各尽所能和各取所需。

北京建立工读互助团的消息传出后，使广大青年感到好奇的同时，不由心生向往。很多外地青年专程赶往北京参观，其中就包括第二次来京的毛泽东。

作为当时的青年先锋，毛泽东对这种社会主义形式非常感兴趣。他在 1920 年 3 月写给周世钊的信中提到：“我想我们在长沙创造一种新生活，可以邀合同志，租一所房子，办一个自修大学。我们在大学里实行共产生活……”

但是，这种如水中幻影的社会主义蓝图注定是脱离现实生活的空中楼阁。好景不长，北京的工读互助团很快就在经济危机和人心涣散的双重难题下失败了。

中国的“乌托邦”之梦，不过是一批知识分子在寻求救国道路的过程中，在头脑中形成的一种工读互助的社会理想。正如革命导师恩格斯说的那样：“这种新的社会制度是一开始就注定要成为空想，它愈是详细周密，就愈是要陷入纯粹地幻想。”

从社会进步的意义上来看，空想社会主义在中国的失败是一件好事。它使青年们不再沉迷于“乌托邦”所编织的美丽幻想之中，从而推动马克思主义的追求者们大步向前，进一步触摸到科学社会主义的大门。

科学社会主义的探索者们

早期的中国资产阶级知识分子，对马克思主义学说的理解是肤浅而片面的，甚至一度陷入空想社会主义的泥沼。在当时，中国无产阶级还处于产生的初期，无法承担起改造社会的重任。因而无法真正理解科学社会主义的精神实质，导致马克思的科学社会主义没有得到广泛传播。

李大钊作为无产阶级的先锋战士，是中国第一个传播马克思主义的知识分子。早期的李大钊是一个激进的民主主义者。在十月革命后，他的思想逐渐发生转变，由资产阶级民主主义转向马克思列宁主义。这种转变的标志表现在他对十月革命的认识上。

1918 年 11 月 11 日，第一次世界大战结束，军阀及政客大肆庆祝协约国所谓的胜利。对此，李大钊撰写了《庶民的胜利》和《布尔什维克的胜利》，进行了抨击和讽刺。他运用马克思主义的基本理论揭露了帝国主义战争的实质，向中国民众介绍列宁的布尔什维克主义，为中国人民指出了新的斗争方向。

“六三”中国工人大罢工，为马克思主义的广泛传播开辟了广阔的道路。李大钊更加系统地研究和宣传马克思主义，撰写了《我的马克思主义观》，并在《新青年》上发表连载。

不仅如此，李大钊于 1920 年 3 月在北京大学建立了“马克思学说研究会”，并开始筹备建立共产主义小组。同年 10 月，北京共产主义小组在马克思学说研究会的基础上成立，随后又成立了北京的社会主

义青年团。

李大钊分别为北京大学、师范大学、女子高等师范等校讲授课程，力求运用马克思主义的观点，探讨中国革命的道路，传播科学社会主义。

在中国共产党成立的过程中，李大钊兢兢业业，四处奔走，播撒信仰的火种。1927 年 4 月 28 日，李大钊在北京被军阀杀害。临刑前，李大钊坚信："共产主义在世界，在中国，必将要得到光荣的胜利。"

陈独秀和李大钊并称为"南陈北李"，是早期著名的马克思主义者，中国共产党的主要创始人之一。可以说，他在宣传马克思主义及创建中国共产党的过程中做出了卓越的贡献。

陈独秀对马克思主义的研究要晚于李大钊。由于陈独秀对西方文明的狂热追求，促使他在最初对待十月革命的态度是抵触和消极的。直至巴黎和会的失败，才打破了陈独秀长期以来对西方资产阶级文明的追求，同时打破的还有那份对帝国主义国家的幻想。

五四运动以其坚决地反帝反封建的姿态大放异彩，这无疑使作为五四领袖的陈独秀加深了对社会主义的了解和研究。1919 年 6 月 11 日，陈独秀被捕入狱。3 个月的铁窗生活给了他足够的时间反思和研究中国革命的道路。这段时间的经历推动了陈独秀向马克思主义者的转变。1920 年，出狱后的陈独秀在《新青年》上发表了《谈政治》一文。这篇文章旗帜鲜明地捍卫了马列主义，批判了无政府主义、资产阶级改良主义和第二国际的修正主义。尤其值得一提的是，在《谈政治》中，陈独秀抛弃了资产阶级国家观，接受了马克思主义国家观，这是在陈独秀思想转向共产主义的标志。

从 1920 年起，陈独秀发表了一系列文章，论证了中国走社会主义道路的必要性和可能性，进一步促进了科学社会主义的传播。陈独秀在成为共产主义者后，积极地在上海筹建党的早期组织，为中国共产党的诞生奠定了基础。

瞿秋白也是中国第一批马克思主义者，他和李大钊、陈独秀等人一样，经历了漫长的摸索才最终选择了科学社会主义。

与当时追求进步的青年一样，新文化运动的蓬勃发展使得瞿秋白加入了这场新旧思想的大碰撞中。五四运动的爆发，进一步促进了瞿秋白思想的发展，表现出激进的民主主义革命思想。运动过后，瞿秋白深切地认识到中国社会问题的严重性，必须寻求一种科学的革命思想从根本上改造社会。

1920 年，瞿秋白加入了李大钊组织的“马克思学说研究会”，积极研究马克思主义，并参加各种社会政治活动。同年 10 月，瞿秋白以《晨报》特约通讯员的身份前往苏联，亲自考察了十月革命后俄国的现状，并做出了一系列详细的报告。两年的深入研究，使瞿秋白对马列主义和俄国革命有了更进一步的了解，更坚定了唯物主义世界观的树立。

这是中国人第一次对社会主义国家做出全面的研究，向中国人民展示了苏俄社会主义建设的伟大成就，推动了马克思主义在中国的传播。

毛泽东是紧随李大钊、陈独秀和瞿秋白之后，具有初步共产主义思想的青年革命者。

当毛泽东从湖南第一师范学院毕业时，他对于马克思主义思想尚没有形成概念。同年 8 月，毛泽东率领赴法勤工俭学的湖南学生来到北京。通过李大钊先生的刻意启迪，毛泽东开始学习和了解十月革命，并初步接触到马克思主义。

1919 年底，毛泽东因为主持“驱张运动”而第二次来到北京。此时，他已经开始运用马克思主义的一些基本原理来作为观察中国命运的工具。1920 年 5 月，毛泽东在上海访问了陈独秀。毛泽东在《西行漫记》一书中提到：“在那里我再次见到了陈独秀。我第一次同他见面是在北京，那时我在国立北京大学。他对我的影响也许要超过其他

任何人。”

时光流转，多少年后，以毛泽东为代表的中国共产党人，运用马克思主义的立场、观点和方法，把中国长期革命和建设实践中的一系列独创性经验，作了理论概括而形成的适合中国情况的科学的毛泽东思想。它是马克思列宁主义在中国的运用和发展，是被实践证明了的适合中国革命和建设的正确的理论原则和经验总结，是中国共产党集体智慧的结晶。

启蒙时代，百年五四

九十四年前，一批先进青年知识分子发起了具有划时代意义的五四运动。这是一场彻底反帝反封建的伟大爱国革命运动，也是一场伟大的思想解放运动和新文化运动。这场运动，树立了一座推动中国历史进步的丰碑，也孕育了爱国、进步、民主、科学的伟大精神。

党和国家四代领导人都对五四运动的重要意义给予了高度评价，对广大青年的责任和使命提出了殷切希望，五四运动的光荣传统将影响一代又一代的中国青年。

今天是五四运动的二十周年纪念日，我们延安的全体青年在这里开这个纪念大会，我就来讲一讲关于中国青年运动的方向的几个问题。

第一，现在定了五月四日为中国青年节，这是很对的。“五四”至今已有二十年，今年才在全国定为青年节，这件事含着一个重要的意义。就是说，它表示我们中国反对帝国主义和封建主义的人民民主革命，快要进到一个转变点了。几十年来反帝反封建的人民民主革命屡次地失败，这种情形，现在要来一个转变，不是再来一次失败，而是要转变到胜利的方面去了。现在中国的革命正在前进着，正在向着胜利前进。历史上多次失败的情形，不能再继续了，也决不能让它再继续了，而要使它转变为胜利。那么，现在已经转变了没有呢？没有。这一个转变，现在还没有到来，现在我们还没有胜利。但是胜利是可以争取到来的。抗日战争就要努力达到这个由失败到胜利的转变点。五四运动所反对的是卖国政府，是勾结帝国主义出卖民族利益的政府，是压迫人民的政府。这样的政府要不要反对呢？假使不要反对的话，那么，五四运动就是错的。这是很明白的，这样的政府一定要反对，卖国政府应该打倒。你们看，孙中山先生远在五四运动以前，就是当时政府的叛徒，他反对了清朝政府，并且推翻了清朝政府。他做的对不对呢？我以为是很对的。因为他所反对的不是反抗帝国主义的政府，而是勾结帝国主义的政府，不是革命的政府，而是压迫革命的政府。五四运动正是做了反对卖国政府的工作，所以它是革命的运动。全中国的青年，应该这样去认识五四运动。现当全国人民奋起抗日的时候，大家鉴于过去革命失败的经验，下决心一定要把日本帝国主义打败，并且不容许再有卖国贼，不容许革命再失败。全国的青年除了一部分人之外，大家都觉悟起来，都具备这种必胜的决心，规定“五四”为青年节就表示了这一点。我们正向胜利的路上前进，只要全国人民一齐努力，中国革命一定要在抗日过程中得到胜利。

——1939 年 5 月 4 日，毛泽东在五四运动胜利 20 周年纪念会上的演讲

用共产主义青年团来作为我们这支青年先进队伍的名称，

不只是给全体青年团员带来了巨大的光荣，而且也在中国青年的肩上放上了更为繁重的任务。这个任务，就是在党的领导下，用共产主义的精神教育青年一代，团结全体青年积极参加建设社会主义的劳动，以便尽快地把我国建设成为一个伟大的社会主义工业国，为将来实现共产主义准备条件。同志们，这就是我们今后一个长时期的任务。这个任务绝不比过去的革命任务来得容易和轻松一些。必须了解，我们国家原来的经济落后，广大人民的生活还是贫苦的，而帝国主义还在包围着我们，我们的困难还是很多的。我们如果不能把全国人民都团结起来，把他们的积极性最充分地发挥起来，克勤克俭，艰苦奋斗，那么，我们的社会主义建设就不可能取得胜利。在这个艰巨的任务面前，我们的共产主义青年团员，一定要以对祖国、对人民的无限忠诚，同党一起站在这个伟大斗争的最前列，密切联系全体人民群众和青年群众，在不同的岗位上进行长时期的艰苦的奋斗。

——1957 年，邓小平在中国新民主主义青年团第三次全国代表大会上的祝词

七十九年前，北京大学的爱国青年发起了具有划时代意义的五四运动。五四运动的精神，最根本的就是中华民族的爱国主义精神。当代中国的广大青年，要继续继承和发扬五四运动的光荣传统，努力担当起振兴中华的历史使命，创造出无愧于时代和人民的业绩。

——1998 年 5 月 4 日，江泽民在庆祝北京大学建校一百周年大会上的讲话

在新世纪即将到来的时候，缅怀五四先驱们的业绩，回

顾中国人民和青年在本世纪走过的历程，展望建设有中国特色社会主义事业的前景，在新的历史条件下进一步弘扬五四精神，具有特别重要的意义。

八十年前爆发的五四运动，是以一批先进青年知识分子为先锋、广大人民群众参加的彻底反帝反封建的伟大爱国革命运动，也是一场伟大的思想解放运动和新文化运动。这场运动，成为中国旧民主主义革命走向新民主主义革命的转折点。

——1999 年 5 月 4 日，胡锦涛在五四运动八十周年纪念大会上的讲话

附　录

五四运动大事记

4月24日，梁启超致电国民外交协会，发布归还青岛通电。

4月29-30日，巴黎和会代表参加会议，凡尔赛和约关于山东问题条款【第156、157、158条】，德国在山东权益让与日本。

5月1日，中国谈判代表、外交总长陆徵祥将此事电告北京政府，并称如不签约，则对撤废领事裁判权、取消庚子赔款、关税自主及赔偿损失等等有所不利。北京政府外交委员会（总统府智囊机构）召开紧急会议，决定不签约。上海《大陆报》“北京通讯”：“政府接巴黎中国代表团来电，谓关于索还胶州租借之对日外交战争，业已失败。”

5月2日，北京政府密电中国代表可以签约。外交委员会事务长林长民在《晨报》、《国民公报》撰文：“山东亡矣，国将不国矣，愿合四万万众誓死图之。”蔡元培将外交失败转告于学生。

5月3日，北京各界紧急磋商对策。当晚，北大学生在北河沿北大法科礼堂召开学生大会，并约请北京13所中等以上学校代表参加，大会决定于4日（星期天）在天安门举行示威游行。

5月4日上午10时，各校学生召开碰头会，商定游行路线。下午1时，北京学生3000余人汇集天安门，现场悬挂北大学生“还我青岛”的血书。队伍向使馆区进发，受到巡捕阻拦，学生代表求会见四国公使，仅美国使馆人员接受了学生的陈词书，英法意使馆均拒绝接受。随后发生学生大规模游行。

5 月 5 日，北京各大专学校总罢课。清华学生宣布“从今日起与各校一致行动”。以蔡元培为首的校长团与北京政府斡旋，营救被捕学生返校，学生复课。

5 月 7 日，上海 60 多个团体举行国民大会。

5 月 9 日，蔡元培出走。上海各学校全部罢课。

5 月 11 日，上海学生联合会成立。北京各大专学校教职联合会成立。

5 月 13 日，北京各大专校长递交辞呈。

5 月 19 日，北京 25000 名学生再次总罢课，之后开展演讲、抵制日货、发行爱国日刊等活动，组织“护鲁义勇队”。

6 月 1 日，政府查禁联合会。

6 月 3 日，北京学生因政府为曹、章、陆辩护而举行大规模街头演讲。当日，170 多名学生被捕。

6 月 4 日，北京学生出动比昨日多一倍的人数上街演讲，当日 700 多名学生被捕。

6 月 5 日，全国各大城市罢课、罢工、罢市，声援北京学生的爱国运动。随后，被监禁的学生获释。

6 月 6 日 - 8 日，罢工规模扩大。

6 月 9 日，南京路工人示威。

6 月 10 日，北京政府撤销曹、章、陆职务。

6 月 11 日，总统提出辞职。

6 月 12 日，商人开市。

6 月 17 日，北京政府致电在巴黎的中国代表团专使在和约上签字。

6 月 23 日，徐世昌接见山东各界代表，表示政府已电令陆徵祥从缓签字。

6 月 27 日，京津学生及留日、留美学生请愿。

6 月 28 日，北京商学界代表再次请愿，中国全权代表陆徵祥拒绝在和约上签字。

参考文献

1.王东林. 狂飙突进——五四运动风云录. 南昌：江西教育出版社，1999

2.萧超然. 北京大学与五四运动. 北京：北京大学出版社，1986

3.刘家宾. 祖国儿女在五四运动中. 哈尔滨：黑龙江教育出版社，1988

4.杨盛清. 五四运动. 广州：广东人民出版社，1979

5.彭明. 五四运动史. 北京：人民出版社，1984

6.中国社会科学院近代史研究所. 五四运动回忆录. 北京：中国社会科学出版社，1979

7.近代史研究编辑部. 中国近代史专题研究. 北京：人民出版社，1986

8.蔡东藩. 民国的故事. 北京：华夏出版社，2008

9.陈占彪. 镇压还是同情，五四运动中的军警. 上海：《档案春秋》，2010

10.孙景峰. 马克思主义在中国. 呼和浩特市：内蒙古大学出版社，1998

11.《党史文苑》编辑部. 周恩来总理的光辉战斗历程. 南昌：党史文苑杂志社，1976

12.绍兴蔡元培纪念馆. 名人往事——蔡元培. 杭州：浙江教育出版社，2004

13.焦润明. 傅斯年传. 北京：人民出版社，2002

14.陈明珠. 五四健将——罗家伦传. 杭州：浙江人民出版社，2006

15.九江县文史资料研究委员会. 九江县文史资料选辑第七辑. 九

江：江西九江县政协，2006

16. 文艺论丛·8. 上海：上海文艺出版社，1979

17.瞿秋白. 瞿秋白选集. 北京：人民文学出版社，1959

18.史沫特莱. 伟大的道路——朱德的生涯和时代. 北京：三联出版社，1979

19.全国政协文史资料委员会. 从辛亥革命到北伐战争. 合肥：安徽人民出版社，2000

20.中国人民政治协商会议天津市委员会. 天津文史资料选集. 天津：天津人民出版社，1979